DIETA DASH 2022

RECETAS DELICIOSAS PARA BAJAR LA PRESIÓN ARTERIAL

PILAR SHILTON

Tabla de contenido

Mezcla de pollo y lentejas 12

Pollo y Coliflor 13

Sopa de albahaca, tomate y zanahorias 14

Carne de cerdo con batatas 15

Sopa de Trucha y Zanahorias 16

Guiso de pavo e hinojo 17

Sopa de berenjena 18

Crema de Camote 19

Sopa De Pollo Y Champiñones 20

Sartén de lima y salmón 22

Ensalada de papas 23

Sartén de Carne Molida y Tomate 25

Ensalada De Camarones Y Aguacate 26

Crema de brócoli 27

Sopa de repollo 28

Sopa de apio y coliflor 29

Sopa de cerdo y puerros 30

Ensalada de brócoli y camarones a la menta 31

Sopa De Camarones Y Bacalao 33

Mezcla de camarones y cebollas verdes 34

Guiso de espinacas 35

Mezcla de coliflor al curry 36

Guiso de Zanahorias y Calabacín 37

Guiso de Col y Judías Verdes 38

Sopa De Champiñones Y Chile ... 39
Carne de cerdo con chile ... 40
Ensalada De Champiñones Con Pimentón Y Salmón ... 41
Mezcla de garbanzos y patatas ... 43
Mezcla de pollo con cardamomo ... 44
Chile de Lentejas ... 45
Endivias de Romero ... 46
Endivias de limón ... 47
Espárragos al pesto ... 48
Zanahorias con pimentón ... 49
Sartén cremosa de patatas ... 50
Repollo de sésamo ... 51
Brócoli con cilantro ... 52
Coles de Bruselas con chile ... 53
Mezcla de coles de Bruselas y cebollas verdes ... 54
Puré de coliflor ... 55
Ensalada de aguacate ... 56
Ensalada de rábano ... 57
Ensalada de endivias al limón ... 58
Mezcla de Aceitunas y Maíz ... 59
Ensalada de rúcula y piñones ... 60
Almendras y espinacas ... 61
Ensalada de Frijoles Verdes y Maíz ... 62
Ensalada de endivias y col rizada ... 63
Ensalada Edamame ... 64
Ensalada de uvas y aguacates ... 65
Mezcla de berenjena con orégano ... 66

Mezcla de tomates al horno	67
Setas de tomillo	68
Salteado de Espinacas y Maíz	69
Salteado de Maíz y Cebolletas	70
Ensalada de espinacas y mango	71
Patatas Mostaza	72
Coles de Bruselas de coco	73
Zanahorias de salvia	74
Hongos con ajo y maíz	75
Judías verdes al pesto	76
Tomates al estragón	77
Remolacha de almendras	78
Tomates Menta y Maíz	79
Salsa de Calabacín y Aguacate	80
Mezcla de manzanas y repollo	81
Remolacha asada	82
Repollo al eneldo	83
Ensalada de repollo y zanahoria	84
Salsa de Tomate y Aceitunas	85
Ensalada de calabacín	86
Ensalada De Zanahorias Al Curry	87
Ensalada de lechuga y remolacha	88
Rábanos con hierbas	89
Mezcla de hinojo al horno	90
Morrones asados	91
Salteado de dátiles y repollo	92
Mix de Aceitunas y Endivias	94

Ensalada de tomates y pepino 95

Ensalada De Pimientos Y Zanahoria 96

Mezcla de Frijoles Negros y Arroz 97

Mezcla de arroz y coliflor 98

Mezcla de frijoles balsámicos 99

Remolacha Cremosa 100

Mezcla de aguacate y pimientos morrones 101

Camote y remolacha asados 102

Kale Salteado 103

Zanahorias especiadas 104

Alcachofas al limón 105

Brócoli, Frijoles y Arroz 106

Mezcla de calabaza al horno 107

Espárragos cremosos 108

Mezcla de nabos de albahaca 109

Mezcla de Arroz y Alcaparras 110

Mezcla de espinacas y col rizada 111

Avena con mantequilla de maní 112

Bollos con Nueces y Frutas 113

Galletas de plátano 114

Avena de manzana 115

Muffins de arándanos 116

Crepes de coco 117

panqueques de arándanos 118

Parfait de calabaza 119

waffles de patata dulce 120

Tostada francesa 121

Avena de cacao	122
Avena con Mango	123
Avena Cerezas y Peras	124
Cuencos de nueces y naranja	125
Duraznos horneados y crema	126
Manzanas y tazones de yogur	127
Avena con Mango y Granada	128
Tazones de semillas de chía y granada	129
Picadillo De Huevo Y Zanahorias	130
Tortilla de pimientos morrones	131
Frittata de perejil	132
Huevos Horneados y Alcachofas	133
Cazuela De Frijoles Y Huevos	134
Revuelto de queso con cúrcuma	135
Hash Browns y verduras	136
Risotto de cebollino y tocino	137
Quinua con canela, pistacho	138
Mezcla de yogur de cerezas	139
Mezcla de ciruelas y coco	140
Yogur de Manzanas	141
Tazones de Fresa y Avena	142
Mezcla de arce y melocotón	143
Arroz con canela y dátiles	144
Yogur de higos, pera y granada	145
Gachas De Nuez Moscada Y Fresas	146
Arroz Cremoso y Bayas	147
Arroz con vainilla y coco	148

Arroz de coco y cerezas 149
Mezcla de arroz con jengibre 150
Cazuela De Chili Salchicha 151
Cuencos de arroz con champiñones 152
Huevos de Tomate y Espinacas 153
Tortilla de sésamo 154
Avena Calabacín 155
Bol de Almendras y Coco 156
Ensalada tibia de garbanzos 157
Budín de cacao y mijo 158
Pudín de chía 159
Pudín de tapioca 160
Hash de Cheddar 161
Ensalada De Guisantes 162
Mezcla de quinua y garbanzos 163
Ensalada de Aceitunas y Pimientos 164
Mezcla de judías verdes y huevos 165
Ensalada De Zanahoria Y Huevos 166
Bayas cremosas 167
Tazones de Manzanas y Pasas 168
Gachas de jengibre alforfón 169
Ensalada De Coliflor Y Pimientos 170
Pollo y Hash Browns 171
Burritos de Frijoles Negros 172
Mezcla de pollo y mango 173
Tortas De Garbanzos 174
Cuencos de salsa y coliflor 175

Ensalada de Salmón y Espinacas	176
Mezcla de pollo y col rizada	177
Ensalada de salmón y rúcula	178
Ensalada De Camarones Y Verduras	179
Wraps de pavo y pimientos	180
Sopa de judías verdes	181
Ensalada de aguacate, espinacas y aceitunas	182
Sartén de ternera y calabacín	183
Mezcla de tomillo, ternera y papas	184
Sopa De Cerdo Y Zanahorias	185
Ensalada De Camarones Y Fresas	186
Ensalada De Camarones Y Judías Verdes	187
Tacos de pescado	188
Pasteles de calabacín	189
Guiso de Garbanzos y Tomates	190
Ensalada de pollo, tomate y espinacas	191
Tazones de espárragos y pimientos	192
Estofado de ternera caliente	193
Chuletas de cerdo con champiñones	194
Ensalada De Camarones Y Cilantro	195
Guiso de berenjenas	196
Mezcla de carne y guisantes	197
Estofado de pavo	198
Ensalada de carne	199
Guiso de calabaza	201
Mezcla de repollo y carne	202
Estofado de Cerdo y Judías Verdes	203

Sopa Crema De Calabacín 204

Ensalada De Camarones Y Uvas 205

Crema de zanahoria con cúrcuma 206

Sopa de res y frijoles negros 207

Tazones de salmón y camarones 208

Salsa de pollo y ajo 209

Estofado de pollo con cúrcuma y berenjena 210

Mezcla de pollo y endivias 211

Sopa de pavo 212

Sandwich de berenjena y pavo 213

Tortillas simples de pavo y calabacín 215

Pollo con Pimientos y Berenjena Sartén 216

Pavo al horno con balsámico 217

Mezcla de pavo con queso cheddar 218

Mezcla de pollo y lentejas

Tiempo de preparación: 10 minutos.
Tiempo de cocción: 25 minutos.
Porciones: 4

Ingredientes:
- 1 taza de tomates enlatados, sin sal agregada, picados
- Pimienta negra al gusto
- 1 cucharada de pasta de chipotle
- 1 libra de pechuga de pollo, sin piel, deshuesada y en cubos
- 2 tazas de lentejas enlatadas, sin sal agregada, escurridas y enjuagadas
- ½ cucharada de aceite de oliva
- 1 cebolla amarilla picada
- 2 cucharadas de cilantro picado

Direcciones:
1. Calienta una sartén con el aceite a fuego medio, agrega la cebolla y la pasta de chipotle, revuelve y sofríe por 5 minutos.
2. Agregue el pollo, revuelva y dore durante 5 minutos.
3. Agrega el resto de los ingredientes, revuelve, cocina todo por 15 minutos, divide en tazones y sirve.

Nutrición: calorías 369, grasa 17.6, fibra 9, carbohidratos 44.8, proteína 23.5

Pollo y Coliflor

Tiempo de preparación: 5 minutos.
Tiempo de cocción: 25 minutos.
Porciones: 4

Ingredientes:
- 1 libra de pechuga de pollo, sin piel, deshuesada y en cubos
- 2 tazas de floretes de coliflor
- 1 cucharada de aceite de oliva
- 1 cebolla morada picada
- 1 cucharada de vinagre balsámico
- ½ taza de pimiento rojo picado
- Una pizca de pimienta negra
- 2 dientes de ajo picados
- ½ taza de caldo de pollo bajo en sodio
- 1 taza de tomates enlatados, sin sal agregada, picados

Direcciones:
1. Calentar una sartén con el aceite a fuego medio-alto, agregar la cebolla, el ajo y la carne y dorar por 5 minutos.
2. Agrega el resto de los ingredientes, revuelve y cocina a fuego medio por 20 minutos.
3. Divida todo en tazones y sirva para el almuerzo.

Nutrición: calorías 366, grasa 12, fibra 5.6, carbohidratos 44.3, proteína 23.7

Sopa de albahaca, tomate y zanahorias

Tiempo de preparación: 10 minutos.
Tiempo de cocción: 20 minutos.
Porciones: 4

Ingredientes:
- 3 dientes de ajo picados
- 1 cebolla amarilla picada
- 3 zanahorias picadas
- 1 cucharada de aceite de oliva
- 20 onzas de tomates asados, sin sal agregada
- 2 tazas de caldo de verduras bajo en sodio
- 1 cucharada de albahaca seca
- 1 taza de crema de coco
- Una pizca de pimienta negra

Direcciones:
1. Calienta una olla con el aceite a fuego medio, agrega la cebolla y el ajo y sofríe por 5 minutos.
2. Agrega el resto de los ingredientes, revuelve, lleva a fuego lento, cocina por 15 minutos, licúa la sopa con una licuadora de inmersión, divide en tazones y sirve para el almuerzo.

Nutrición: calorías 244, grasa 17.8, fibra 4.7, carbohidratos 18.6, proteína 3.8

Carne de cerdo con batatas

Tiempo de preparación: 10 minutos.
Tiempo de cocción: 30 minutos.
Porciones: 4

Ingredientes:
- 4 chuletas de cerdo, deshuesadas
- 1 libra de batatas, peladas y cortadas en gajos
- 1 cucharada de aceite de oliva
- 1 taza de caldo de verduras, bajo en sodio
- Una pizca de pimienta negra
- 1 cucharadita de orégano seco
- 1 cucharadita de romero seco
- 1 cucharadita de albahaca seca

Direcciones:
1. Calentar una sartén con el aceite a fuego medio-alto, agregar las chuletas de cerdo y cocinarlas 4 minutos por cada lado.
2. Agrega las batatas y el resto de los ingredientes, tapa y cocina a fuego medio 20 minutos más removiendo de vez en cuando.
3. Divida todo entre platos y sirva.

Nutrición: calorías 424, grasa 23.7, fibra 5.1, carbohidratos 32.3, proteína 19.9

Sopa de Trucha y Zanahorias

Tiempo de preparación: 10 minutos.
Tiempo de cocción: 25 minutos.
Porciones: 4

Ingredientes:
- 1 cebolla amarilla picada
- 12 tazas de caldo de pescado bajo en sodio
- 1 libra de zanahorias, en rodajas
- 1 libra de filetes de trucha, deshuesados, sin piel y en cubos
- 1 cucharada de pimentón dulce
- 1 taza de tomates en cubos
- 1 cucharada de aceite de oliva
- Pimienta negra al gusto

Direcciones:
1. Calienta una olla con el aceite a fuego medio-alto, agrega la cebolla, revuelve y sofríe por 5 minutos.
2. Agrega el pescado, las zanahorias y el resto de los ingredientes, lleva a fuego lento y cocina a fuego medio durante 20 minutos.
3. Sirva la sopa en tazones y sírvala.

Nutrición: calorías 361, grasa 13.4, fibra 4.6, carbohidratos 164, proteína 44.1

Guiso de pavo e hinojo

Tiempo de preparación: 10 minutos.
Tiempo de cocción: 45 minutos.
Porciones: 4

Ingredientes:
- 1 pechuga de pavo, sin piel, deshuesada y en cubos
- 2 bulbos de hinojo, en rodajas
- 1 cucharada de aceite de oliva
- 2 hojas de laurel
- 1 cebolla amarilla picada
- 1 taza de tomates enlatados, sin sal agregada
- 2 caldo de res bajo en sodio
- 3 dientes de ajo picados
- Pimienta negra al gusto

Direcciones:
1. Calentar una sartén con el aceite a fuego medio, agregar la cebolla y la carne y dorar por 5 minutos.
2. Agrega el hinojo y el resto de los ingredientes, lleva a fuego lento y cocina a fuego medio durante 40 minutos, revolviendo de vez en cuando.
3. Divida el guiso en tazones y sirva.

Nutrición: calorías 371, grasa 12.8, fibra 5.3, carbohidratos 16.7, proteína 11.9

Sopa de berenjena

Tiempo de preparación: 10 minutos.
Tiempo de cocción: 30 minutos.
Porciones: 4

Ingredientes:
- 2 berenjenas grandes, cortadas en cubos
- 1 cuarto de caldo de verduras bajo en sodio
- 2 cucharadas de pasta de tomate sin sal agregada
- 1 cebolla morada picada
- 1 cucharada de aceite de oliva
- 1 cucharada de cilantro picado
- Una pizca de pimienta negra

Direcciones:
1. Calienta una olla con el aceite a fuego medio, agrega la cebolla, revuelve y sofríe por 5 minutos.
2. Agrega las berenjenas y los demás ingredientes, lleva a fuego lento a fuego medio, cocina por 25 minutos, divide en tazones y sirve.

Nutrición: calorías 335, grasa 14.4, fibra 5, carbohidratos 16.1, proteína 8.4

Crema de Camote

Tiempo de preparación: 10 minutos.
Tiempo de cocción: 25 minutos.
Porciones: 4

Ingredientes:
- 4 tazas de caldo de verduras
- 2 cucharadas de aceite de aguacate
- 2 batatas, peladas y en cubos
- 2 cebollas amarillas picadas
- 2 dientes de ajo picados
- 1 taza de leche de coco
- Una pizca de pimienta negra
- ½ cucharadita de albahaca picada

Direcciones:
1. Calentar una olla con el aceite a fuego medio, agregar la cebolla y el ajo, remover y sofreír por 5 minutos.
2. Agrega las batatas y el resto de los ingredientes, lleva a fuego lento y cocina a fuego medio durante 20 minutos.
3. Licúa la sopa con una licuadora de inmersión, viértela en tazones y sírvela para el almuerzo.

Nutrición: calorías 303, grasa 14.4, fibra 4, carbohidratos 9.8, proteína 4.5

Sopa De Pollo Y Champiñones

Tiempo de preparación: 10 minutos.
Tiempo de cocción: 30 minutos.
Porciones: 4

Ingredientes:
- 1 cuarto de caldo de verduras, bajo en sodio
- 1 cucharada de jengibre rallado
- 1 cebolla amarilla picada
- 1 cucharada de aceite de oliva
- 1 libra de pechuga de pollo, sin piel, deshuesada y en cubos
- ½ libra de champiñones blancos, rebanados
- 4 chiles tailandeses, picados
- ¼ de taza de jugo de lima
- ¼ de taza de cilantro picado
- Una pizca de pimienta negra

Direcciones:
1. Calentar una olla con el aceite a fuego medio, agregar la cebolla, el jengibre, los chiles y la carne, remover y dorar por 5 minutos.
2. Agrega los champiñones, revuelve y cocina por 5 minutos más.
3. Agrega el resto de los ingredientes, lleva a fuego lento y cocina a fuego medio por 20 minutos más.
4. Sirva la sopa en tazones y sírvala de inmediato.

Nutrición: calorías 226, grasa 8.4, fibra 3.3, carbohidratos 13.6, proteína 28.2

Sartén de lima y salmón

Tiempo de preparación: 10 minutos.
Tiempo de cocción: 20 minutos.
Porciones: 4

Ingredientes:
- 4 filetes de salmón, deshuesados
- 3 dientes de ajo picados
- 1 cebolla amarilla picada
- Pimienta negra al gusto
- 2 cucharadas de aceite de oliva
- Zumo de 1 lima
- 1 cucharada de ralladura de lima rallada
- 1 cucharada de tomillo picado

Direcciones:
1. Calienta una sartén con el aceite a fuego medio-alto, agrega la cebolla y el ajo, revuelve y sofríe por 5 minutos.
2. Agrega el pescado y cocínalo durante 3 minutos por cada lado.
3. Agrega el resto de los ingredientes, cocina todo por 10 minutos más, divide en platos y sirve para el almuerzo.

Nutrición: calorías 315, grasa 18.1, fibra 1.1, carbohidratos 4.9, proteína 35.1

Ensalada de papas

Tiempo de preparación: 10 minutos.
Tiempo de cocción: 20 minutos.
Porciones: 4

Ingredientes:
- 2 tomates picados
- 2 aguacates, sin hueso y picados
- 2 tazas de espinacas tiernas
- 2 cebolletas picadas
- 1 libra de papas doradas, hervidas, peladas y cortadas en gajos
- 1 cucharada de aceite de oliva
- 1 cucharada de jugo de limón
- 1 cebolla amarilla picada
- 2 dientes de ajo picados
- Pimienta negra al gusto
- 1 manojo de cilantro picado

Direcciones:
1. Calentar una sartén con el aceite a fuego medio-alto, agregar la cebolla, las cebolletas y el ajo, remover y sofreír por 5 minutos.
2. Agregue las papas, mezcle suavemente y cocine por 5 minutos más.
3. Agrega el resto de los ingredientes, revuelve, cocina a fuego medio por 10 minutos más, divide en tazones y sirve para el almuerzo.

Nutrición: calorías 342, grasa 23.4, fibra 11.7, carbohidratos 33.5, proteína 5

Sartén de Carne Molida y Tomate

Tiempo de preparación: 10 minutos.
Tiempo de cocción: 20 minutos.
Porciones: 4

Ingredientes:
- 1 libra de carne molida
- 1 cebolla morada picada
- 1 cucharada de aceite de oliva
- 1 taza de tomates cherry, cortados por la mitad
- ½ pimiento rojo picado
- Pimienta negra al gusto
- 1 cucharada de cebollino picado
- 1 cucharada de romero picado
- 3 cucharadas de caldo de res bajo en sodio

Direcciones:
1. Calentar una sartén con el aceite a fuego medio, agregar la cebolla y el pimiento morrón, remover y sofreír por 5 minutos.
2. Agrega la carne, revuelve y dórala por otros 5 minutos.
3. Agregue el resto de los ingredientes, mezcle, cocine por 10 minutos, divida en tazones y sirva para el almuerzo.

Nutrición: calorías 320, grasa 11.3, fibra 4.4, carbohidratos 18.4, proteína 9

Ensalada De Camarones Y Aguacate

Tiempo de preparación: 5 minutos.
Tiempo de cocción: 0 minutos.
Porciones: 4

Ingredientes:
- 1 naranja, pelada y cortada en gajos
- 1 libra de camarones, cocidos, pelados y desvenados
- 2 tazas de rúcula tierna
- 1 aguacate, sin hueso, pelado y cortado en cubos
- 2 cucharadas de aceite de oliva
- 2 cucharadas de vinagre balsámico
- Jugo de ½ naranja
- Sal y pimienta negra

Direcciones:
1. En una ensaladera, mezcle, combine los camarones con las naranjas y los demás ingredientes, mezcle y sirva para el almuerzo.

Nutrición: calorías 300, grasa 5.2, fibra 2, carbohidratos 11.4, proteína 6.7

Crema de brócoli

Tiempo de preparación: 10 minutos.
Tiempo de cocción: 40 minutos.
Porciones: 4

Ingredientes:
- 2 libras de floretes de brócoli
- 1 cebolla amarilla picada
- 1 cucharada de aceite de oliva
- Pimienta negra al gusto
- 2 dientes de ajo picados
- 3 tazas de caldo de res bajo en sodio
- 1 taza de leche de coco
- 2 cucharadas de cilantro picado

Direcciones:
1. Calentar una olla con el aceite a fuego medio, agregar la cebolla y el ajo, remover y sofreír por 5 minutos.
2. Agrega el brócoli y los demás ingredientes excepto la leche de coco, lleva a fuego lento y cocina a fuego medio por 35 minutos más.
3. Licúa la sopa con una batidora de inmersión, agrega la leche de coco, vuelve a pulir, divide en tazones y sirve.

Nutrición: calorías 330, grasa 11.2, fibra 9.1, carbohidratos 16.4, proteína 9.7

Sopa de repollo

Tiempo de preparación: 10 minutos.
Tiempo de cocción: 40 minutos.
Porciones: 4

Ingredientes:
- 1 repollo verde grande, rallado
- 1 cebolla amarilla picada
- 1 cucharada de aceite de oliva
- Pimienta negra al gusto
- 1 puerro picado
- 2 tazas de tomates enlatados, bajos en sodio
- 4 tazas de caldo de pollo, bajo en sodio
- 1 cucharada de cilantro picado

Direcciones:
1. Calentar una olla con el aceite a fuego medio, agregar la cebolla y el puerro, remover y cocinar por 5 minutos.
2. Agrega el repollo y el resto de los ingredientes excepto el cilantro, lleva a fuego lento y cocina a fuego medio por 35 minutos.
3. Sirva la sopa en tazones, espolvoree el cilantro encima y sirva.

Nutrición: calorías 340, grasa 11.7, fibra 6, carbohidratos 25.8, proteína 11.8

Sopa de apio y coliflor

Tiempo de preparación: 10 minutos.
Tiempo de cocción: 40 minutos.
Porciones: 4

Ingredientes:
- 2 libras de floretes de coliflor
- 1 cebolla morada picada
- 1 cucharada de aceite de oliva
- 1 taza de puré de tomate
- Pimienta negra al gusto
- 1 taza de apio picado
- 6 tazas de caldo de pollo bajo en sodio
- 1 cucharada de eneldo picado

Direcciones:
4. Calienta una olla con el aceite a fuego medio-alto, agrega la cebolla y el apio, revuelve y sofríe por 5 minutos.
5. Agrega la coliflor y el resto de los ingredientes, lleva a fuego lento y cocina a fuego medio por 35 minutos más.
6. Divida la sopa en tazones y sirva.

Nutrición: calorías 135, grasa 4, fibra 8, carbohidratos 21.4, proteína 7.7

Sopa de cerdo y puerros

Tiempo de preparación: 10 minutos.
Tiempo de cocción: 40 minutos.
Porciones: 4

Ingredientes:
- 1 libra de carne de estofado de cerdo, en cubos
- Pimienta negra al gusto
- 5 puerros picados
- 1 cebolla amarilla picada
- 2 cucharadas de aceite de oliva
- 1 cucharada de perejil picado
- 6 tazas de caldo de res bajo en sodio

Direcciones:
4. Calentar una olla con el aceite a fuego medio-alto, agregar la cebolla y los puerros, remover y sofreír por 5 minutos.
5. Agrega la carne, revuelve y dora por 5 minutos más.
6. Agrega el resto de los ingredientes, lleva a fuego lento y cocina a fuego medio durante 30 minutos.
7. Sirva la sopa en tazones y sírvala.

Nutrición: calorías 395, grasa 18,3, fibra 2,6, carbohidratos 18,4, proteína 38,2

Ensalada de brócoli y camarones a la menta

Tiempo de preparación: 5 minutos.
Tiempo de cocción: 20 minutos.
Porciones: 4

Ingredientes:
- 1/3 taza de caldo de verduras bajo en sodio
- 2 cucharadas de aceite de oliva
- 2 tazas de floretes de brócoli
- 1 libra de camarones, pelados y desvenados
- Pimienta negra al gusto
- 1 cebolla amarilla picada
- 4 tomates cherry, cortados por la mitad
- 2 dientes de ajo picados
- Jugo de ½ limón
- ½ taza de aceitunas kalamata, sin hueso y cortadas en mitades
- 1 cucharada de menta picada

Direcciones:
1. Calentar una sartén con el aceite a fuego medio-alto, agregar la cebolla y el ajo, remover y sofreír por 3 minutos.
2. Agrega los camarones, revuelve y cocina por 2 minutos más.
3. Agregue el brócoli y los demás ingredientes, mezcle, cocine todo durante 10 minutos, divida en tazones y sirva para el almuerzo.

Nutrición: calorías 270, grasa 11.3, fibra 4.1, carbohidratos 14.3, proteína 28.9

Sopa De Camarones Y Bacalao

Tiempo de preparación: 10 minutos.
Tiempo de cocción: 20 minutos.
Porciones: 4

Ingredientes:
- 1 cuarto de caldo de pollo bajo en sodio
- ½ libra de camarones, pelados y desvenados
- ½ libra de filetes de bacalao, deshuesados, sin piel y en cubos
- 2 cucharadas de aceite de oliva
- 2 cucharaditas de chile en polvo
- 1 cucharadita de pimentón dulce
- 2 chalotas picadas
- Una pizca de pimienta negra
- 1 cucharada de eneldo picado

Direcciones:
1. Calienta una olla con el aceite a fuego medio, agrega las chalotas, revuelve y sofríe por 5 minutos.
2. Agrega los camarones y el bacalao y cocina por 5 minutos más.
3. Agrega el resto de los ingredientes, lleva a fuego lento y cocina a fuego medio durante 10 minutos.
4. Divida la sopa en tazones y sirva.

Nutrición: calorías 189, grasa 8.8, fibra 0.8, carbohidratos 3.2, proteína 24.6

Mezcla de camarones y cebollas verdes

Tiempo de preparación: 10 minutos.
Tiempo de cocción: 10 minutos.
Porciones: 4

Ingredientes:
- 2 libras de camarones, pelados y desvenados
- 1 taza de tomates cherry, cortados por la mitad
- 1 cucharada de aceite de oliva
- 4 cebollas verdes picadas
- 1 cucharada de vinagre balsámico
- 1 cucharada de cebollino picado

Direcciones:
1. Calienta una sartén con el aceite a fuego medio, agrega la cebolla y los tomates cherry, revuelve y sofríe por 4 minutos.
2. Agrega los camarones y los demás ingredientes, cocina por 6 minutos más, divide en platos y sirve.

Nutrición: calorías 313, grasa 7.5, fibra 1, carbohidratos 6.4, proteína 52.4

Guiso de espinacas

Tiempo de preparación: 10 minutos.
Tiempo de cocción: 15 minutos.
Porciones: 4

Ingredientes:
- 1 cucharada de aceite de oliva
- 1 cucharadita de jengibre rallado
- 2 dientes de ajo picados
- 1 cebolla amarilla picada
- 2 tomates picados
- 1 taza de tomates enlatados, sin sal agregada
- 1 cucharadita de comino, molido
- Una pizca de pimienta negra
- 1 taza de caldo de verduras bajo en sodio
- 2 libras de hojas de espinaca

Direcciones:
1. Calentar una olla con el aceite a fuego medio, agregar el jengibre, el ajo y la cebolla, remover y sofreír por 5 minutos.
2. Agregue los tomates, los tomates enlatados y los demás ingredientes, mezcle suavemente, cocine a fuego lento y cocine por 10 minutos más.
3. Divida el guiso en tazones y sirva.

Nutrición: calorías 123, grasa 4.8, fibra 7.3, carbohidratos 17, proteína 8.2

Mezcla de coliflor al curry

Tiempo de preparación: 10 minutos.
Tiempo de cocción: 25 minutos.
Porciones: 4

Ingredientes:
- 1 cebolla morada picada
- 1 cucharada de aceite de oliva
- 2 dientes de ajo picados
- 1 pimiento rojo picado
- 1 pimiento verde picado
- 1 cucharada de jugo de lima
- 1 libra de floretes de coliflor
- 14 onzas de tomates enlatados, picados
- 2 cucharaditas de curry en polvo
- Una pizca de pimienta negra
- 2 tazas de crema de coco
- 1 cucharada de cilantro picado

Direcciones:
1. Calienta una olla con el aceite a fuego medio, agrega la cebolla y el ajo, revuelve y cocina por 5 minutos.
2. Agrega los pimientos morrones y los demás ingredientes, lleva todo a fuego lento y cocina a fuego medio durante 20 minutos.
3. Divida todo en tazones y sirva.

Nutrición: calorías 270, grasa 7.7, fibra 5.4, carbohidratos 12.9, proteína 7

Guiso de Zanahorias y Calabacín

Tiempo de preparación: 10 minutos.
Tiempo de cocción: 30 minutos.
Porciones: 4

Ingredientes:
- 1 cebolla amarilla picada
- 2 cucharadas de aceite de oliva
- 2 dientes de ajo picados
- 4 calabacines, en rodajas
- 2 zanahorias en rodajas
- 1 cucharadita de pimentón dulce
- ¼ de cucharadita de chile en polvo
- Una pizca de pimienta negra
- ½ taza de tomates picados
- 2 tazas de caldo de verduras bajo en sodio
- 1 cucharada de cebollino picado
- 1 cucharada de romero picado

Direcciones:
1. Calentar una olla con el aceite a fuego medio, agregar la cebolla y el ajo, remover y sofreír por 5 minutos.
2. Agrega los calabacines, las zanahorias y los demás ingredientes, lleva a fuego lento y cocina por 25 minutos más.
3. Divida el estofado en tazones y sirva de inmediato para el almuerzo.

Nutrición: calorías 272, grasa 4.6, fibra 4.7, carbohidratos 14.9, proteína 9

Guiso de Col y Judías Verdes

Tiempo de preparación: 10 minutos.
Tiempo de cocción: 25 minutos.
Porciones: 4

Ingredientes:
- 2 cucharadas de aceite de oliva
- 1 repollo morado, rallado
- 1 cebolla morada picada
- 1 libra de judías verdes, cortadas y cortadas por la mitad
- 2 dientes de ajo picados
- 7 onzas de tomates enlatados, picados sin sal agregada
- 2 tazas de caldo de verduras bajo en sodio
- Una pizca de pimienta negra
- 1 cucharada de eneldo picado

Direcciones:
1. Calentar una olla con el aceite, a fuego medio, agregar la cebolla y el ajo, remover y sofreír por 5 minutos.
2. Agregue el repollo y los demás ingredientes, revuelva, tape y cocine a fuego medio durante 20 minutos.
3. Dividir en tazones y servir para el almuerzo.

Nutrición: calorías 281, grasa 8.5, fibra 7.1, carbohidratos 14.9, proteína 6.7

Sopa De Champiñones Y Chile

Tiempo de preparación: 5 minutos.
Tiempo de cocción: 30 minutos.
Porciones: 4

Ingredientes:
- 1 cebolla amarilla picada
- 1 cucharada de aceite de oliva
- 1 ají rojo picado
- 1 cucharadita de chile en polvo
- ½ cucharadita de pimentón picante
- 4 dientes de ajo picados
- 1 libra de champiñones blancos, en rodajas
- 6 tazas de caldo de verduras bajo en sodio
- 1 taza de tomates picados
- ½ cucharada de perejil picado

Direcciones:
1. Calentar una olla con el aceite, a fuego medio, agregar la cebolla, el ají, el pimentón picante, el ají en polvo y el ajo, remover y sofreír por 5 minutos.
2. Agrega los champiñones, revuelve y cocina por 5 minutos más.
3. Agrega el resto de los ingredientes, lleva a fuego lento y cocina a fuego medio durante 20 minutos.
4. Divida la sopa en tazones y sirva.

Nutrición: calorías 290, grasa 6.6, fibra 4.6, carbohidratos 16.9, proteína 10

Carne de cerdo con chile

Tiempo de preparación: 10 minutos.
Tiempo de cocción: 30 minutos.
Porciones: 4

Ingredientes:
- 2 libras de carne de cerdo para estofado, en cubos
- 2 cucharadas de pasta de chile
- 1 cebolla amarilla picada
- 2 dientes de ajo picados
- 1 cucharada de aceite de oliva
- 2 tazas de caldo de res bajo en sodio
- 1 cucharada de orégano picado

Direcciones:
1. Calentar una olla con el aceite, a fuego medio-alto, agregar la cebolla y el ajo, remover y sofreír por 5 minutos.
2. Agrega la carne y dórala por 5 minutos más.
3. Agrega el resto de los ingredientes, lleva a fuego lento y cocina a fuego medio por 20 minutos más.
4. Divida la mezcla en tazones y sirva.

Nutrición: calorías 363, grasa 8.6, fibra 7, carbohidratos 17.3, proteína 18.4

Ensalada De Champiñones Con Pimentón Y Salmón

Tiempo de preparación: 10 minutos.
Tiempo de cocción: 20 minutos.
Porciones: 4

Ingredientes:
- 10 onzas de salmón ahumado, bajo en sodio, deshuesado, sin piel y en cubos
- 2 cebollas verdes picadas
- 2 chiles rojos picados
- 1 cucharada de aceite de oliva
- ½ cucharadita de orégano seco
- ½ cucharadita de pimentón ahumado
- Una pizca de pimienta negra
- 8 onzas de champiñones blancos, en rodajas
- 1 cucharada de jugo de limón
- 1 taza de aceitunas negras, sin hueso y cortadas por la mitad
- 1 cucharada de perejil picado

Direcciones:
1. Calienta una sartén con el aceite a fuego medio, agrega las cebollas y los chiles, revuelve y cocina por 4 minutos.
2. Agrega los champiñones, revuelve y sofríe durante 5 minutos.

3. Agrega el salmón y los demás ingredientes, revuelve, cocina todo por 10 minutos más, divide en tazones y sirve para el almuerzo.

Nutrición: calorías 321, grasa 8.5, fibra 8, carbohidratos 22.2, proteína 13.5

Mezcla de garbanzos y patatas

Tiempo de preparación: 10 minutos.
Tiempo de cocción: 30 minutos.
Porciones: 4

Ingredientes:
- 2 cucharadas de aceite de oliva
- 1 taza de garbanzos enlatados, sin sal agregada, escurridos y enjuagados
- 1 libra de batatas, peladas y cortadas en gajos
- 4 dientes de ajo picados
- 2 chalotas picadas
- 1 taza de tomates enlatados, sin sal y picados
- 1 cucharadita de cilantro molido
- 2 tomates picados
- 1 taza de caldo de verduras bajo en sodio
- Una pizca de pimienta negra
- 1 cucharada de jugo de limón
- 1 cucharada de cilantro picado

Direcciones:
1. Calentar una olla con el aceite a fuego medio, agregar las chalotas y el ajo, remover y sofreír por 5 minutos.
2. Agrega los garbanzos, las papas y los demás ingredientes, lleva a fuego lento y cocina a fuego medio durante 25 minutos.
3. Divida todo en tazones y sirva para el almuerzo.

Nutrición: calorías 341, grasa 11.7, fibra 6, carbohidratos 14.9, proteína 18.7

Mezcla de pollo con cardamomo

Tiempo de preparación: 10 minutos.
Tiempo de cocción: 30 minutos.
Porciones: 4

Ingredientes:
- 1 cucharada de aceite de oliva
- 1 libra de pechuga de pollo, sin piel, deshuesada y en cubos
- 1 chalota picada
- 1 cucharada de jengibre rallado
- 2 dientes de ajo picados
- 1 cucharadita de cardamomo, molido
- ½ cucharadita de cúrcuma en polvo
- 1 cucharadita de jugo de lima
- 1 taza de caldo de pollo bajo en sodio
- 1 cucharada de cilantro picado

Direcciones:
1. Calentar una olla con el aceite a fuego medio-alto, agregar la chalota, el jengibre, el ajo, el cardamomo y la cúrcuma, remover y sofreír por 5 minutos.
2. Agrega la carne y dórala por 5 minutos.
3. Agrega el resto de los ingredientes, lleva todo a fuego lento y cocina por 20 minutos.
4. Divida la mezcla en tazones y sirva.

Nutrición: calorías 175, grasa 6.5, fibra 0.5, carbohidratos 3.3, proteína 24.7

Chile de Lentejas

Tiempo de preparación: 10 minutos.
Tiempo de cocción: 35 minutos.
Porciones: 6

Ingredientes:
- 1 pimiento verde picado
- 1 cucharada de aceite de oliva
- 2 cebolletas picadas
- 2 dientes de ajo picados
- 24 onzas de lentejas enlatadas, sin sal agregada, escurridas y enjuagadas
- 2 tazas de caldo de verduras
- 2 cucharadas de chile en polvo, suave
- ½ cucharadita de chipotle en polvo
- 30 onzas de tomates enlatados, sin sal agregada, picados
- Una pizca de pimienta negra

Direcciones:
1. Calentar una olla con el aceite a fuego medio, agregar la cebolla y el ajo, remover y sofreír por 5 minutos.
2. Agrega el pimiento morrón, las lentejas y los demás ingredientes, lleva a fuego lento y cocina a fuego medio durante 30 minutos.
3. Divida el chile en tazones y sirva para el almuerzo.

Nutrición: calorías 466, grasa 5, fibra 37.6, carbohidratos 77.9, proteína 31.2

Endivias de Romero

Tiempo de preparación: 10 minutos.
Tiempo de cocción: 20 minutos.
Porciones: 4

Ingredientes:
- 2 endivias, cortadas a la mitad a lo largo
- 2 cucharadas de aceite de oliva
- 1 cucharadita de romero seco
- ½ cucharadita de cúrcuma en polvo
- Una pizca de pimienta negra

Direcciones:
1. En un molde para hornear, combine las endivias con el aceite y los demás ingredientes, mezcle suavemente, introduzca en el horno y hornee a 400 grados F por 20 minutos.
2. Dividir entre platos y servir como guarnición.

Nutrición: calorías 66, grasa 7.1, fibra 1, carbohidratos 1.2, proteína 0.3

Endivias de limón

Tiempo de preparación: 10 minutos.
Tiempo de cocción: 20 minutos.
Porciones: 4

Ingredientes:
- 4 endivias, cortadas a la mitad a lo largo
- 1 cucharada de jugo de limón
- 1 cucharada de ralladura de limón rallada
- 2 cucharadas de parmesano sin grasa rallado
- 2 cucharadas de aceite de oliva
- Una pizca de pimienta negra

Direcciones:
1. En una fuente para horno, combine las endivias con el jugo de limón y los demás ingredientes excepto el parmesano y mezcle.
2. Espolvoree el parmesano encima, hornee las endivias a 400 grados F durante 20 minutos, divida entre platos y sirva como guarnición.

Nutrición: calorías 71, grasa 7.1, fibra 0.9, carbohidratos 2.3, proteína 0.9

Espárragos al pesto

Tiempo de preparación: 10 minutos.
Tiempo de cocción: 20 minutos.
Porciones: 4

Ingredientes:
- 1 libra de espárragos, cortados
- 2 cucharadas de pesto de albahaca
- 1 cucharada de jugo de limón
- Una pizca de pimienta negra
- 3 cucharadas de aceite de oliva
- 2 cucharadas de cilantro picado

Direcciones:
1. Acomodar los espárragos en una bandeja para hornear forrada, agregar el pesto y los demás ingredientes, mezclar, introducir en el horno y cocinar a 400 grados F por 20 minutos.
2. Dividir entre platos y servir como guarnición.

Nutrición: calorías 114, grasa 10.7, fibra 2.4, carbohidratos 4.6, proteína 2.6

Zanahorias con pimentón

Tiempo de preparación: 10 minutos.
Tiempo de cocción: 30 minutos.
Porciones: 4

Ingredientes:
- 1 libra de zanahorias pequeñas, cortadas
- 1 cucharada de pimentón dulce
- 1 cucharadita de jugo de lima
- 3 cucharadas de aceite de oliva
- Una pizca de pimienta negra
- 1 cucharadita de ajonjolí

Direcciones:
1. Coloque las zanahorias en una bandeja para hornear forrada, agregue el pimentón y los demás ingredientes excepto las semillas de sésamo, mezcle, introduzca en el horno y hornee a 400 grados F durante 30 minutos.
2. Divida las zanahorias entre platos, espolvoree semillas de sésamo por encima y sirva como guarnición.

Nutrición: calorías 142, grasa 11.3, fibra 4.1, carbohidratos 11.4, proteína 1.2

Sartén cremosa de patatas

Tiempo de preparación: 10 minutos.
Tiempo de cocción: 1 hora.
Porciones: 8

Ingredientes:
- 1 libra de papas doradas, peladas y cortadas en gajos
- 2 cucharadas de aceite de oliva
- 1 cebolla morada picada
- 2 dientes de ajo picados
- 2 tazas de crema de coco
- 1 cucharada de tomillo picado
- ¼ de cucharadita de nuez moscada molida
- ½ taza de parmesano rallado bajo en grasa

Direcciones:
1. Calentar una sartén con el aceite a fuego medio, agregar la cebolla y el ajo y sofreír por 5 minutos.
2. Agrega las papas y dóralas por 5 minutos más.
3. Agrega la nata y el resto de los ingredientes, revuelve suavemente, lleva a fuego lento y cocina a fuego medio por 40 minutos más.
4. Divida la mezcla entre platos y sirva como guarnición.

Nutrición: calorías 230, grasa 19.1, fibra 3.3, carbohidratos 14.3, proteína 3.6

Repollo de sésamo

Tiempo de preparación: 10 minutos.
Tiempo de cocción: 20 minutos.
Porciones: 4

Ingredientes:
- 1 libra de repollo verde, desmenuzado
- 2 cucharadas de aceite de oliva
- Una pizca de pimienta negra
- 1 chalota picada
- 2 dientes de ajo picados
- 2 cucharadas de vinagre balsámico
- 2 cucharaditas de pimentón picante
- 1 cucharadita de ajonjolí

Direcciones:
1. Calentar una sartén con el aceite a fuego medio, agregar la chalota y el ajo y sofreír por 5 minutos.
2. Agrega el repollo y los demás ingredientes, revuelve, cocina a fuego medio por 15 minutos, divide en platos y sirve.

Nutrición: calorías 101, grasa 7.6, fibra 3.4, carbohidratos 84, proteína 1.9

Brócoli con cilantro

Tiempo de preparación: 10 minutos.
Tiempo de cocción: 30 minutos.
Porciones: 4

Ingredientes:
- 2 cucharadas de aceite de oliva
- 1 libra de floretes de brócoli
- 2 dientes de ajo picados
- 2 cucharadas de salsa de chile
- 1 cucharada de jugo de limón
- Una pizca de pimienta negra
- 2 cucharadas de cilantro picado

Direcciones:
1. En un molde para hornear, combine el brócoli con el aceite, el ajo y los demás ingredientes, mezcle un poco, introduzca en el horno y hornee a 400 grados F por 30 minutos.
2. Divida la mezcla entre platos y sirva como guarnición.

Nutrición: calorías 103, grasa 7.4, fibra 3, carbohidratos 8.3, proteína 3.4

Coles de Bruselas con chile

Tiempo de preparación: 10 minutos.
Tiempo de cocción: 25 minutos.
Porciones: 4

Ingredientes:
- 1 cucharada de aceite de oliva
- 1 libra de coles de Bruselas, cortadas y cortadas por la mitad
- 2 dientes de ajo picados
- ½ taza de mozzarella descremada, rallada
- Una pizca de hojuelas de pimienta, triturada

Direcciones:
1. En una fuente para hornear, combine los brotes con el aceite y los otros ingredientes excepto el queso y mezcle.
2. Espolvorea el queso por encima, introduce en el horno y hornea a 400 grados F por 25 minutos.
3. Dividir entre platos y servir como guarnición.

Nutrición: calorías 91, grasa 4.5, fibra 4.3, carbohidratos 10.9, proteína 5

Mezcla de coles de Bruselas y cebollas verdes

Tiempo de preparación: 10 minutos.
Tiempo de cocción: 25 minutos.
Porciones: 4

Ingredientes:
- 2 cucharadas de aceite de oliva
- 1 libra de coles de Bruselas, cortadas y cortadas por la mitad
- 3 cebollas verdes picadas
- 2 dientes de ajo picados
- 1 cucharada de vinagre balsámico
- 1 cucharada de pimentón dulce
- Una pizca de pimienta negra

Direcciones:
1. En una bandeja para hornear, combine las coles de Bruselas con el aceite y los otros ingredientes, mezcle y hornee a 400 grados F durante 25 minutos.
2. Divida la mezcla entre platos y sirva.

Nutrición: calorías 121, grasa 7.6, fibra 5.2, carbohidratos 12.7, proteína 4.4

Puré de coliflor

Tiempo de preparación: 10 minutos.
Tiempo de cocción: 25 minutos.
Porciones: 4

Ingredientes:
- 2 libras de floretes de coliflor
- ½ taza de leche de coco
- Una pizca de pimienta negra
- ½ taza de crema agria baja en grasa
- 1 cucharada de cilantro picado
- 1 cucharada de cebollino picado

Direcciones:
1. Pon la coliflor en una olla, agrega agua para tapar, lleva a ebullición a fuego medio, cocina por 25 minutos y escurre.
2. Triturar la coliflor, añadir la leche, la pimienta negra y la nata, batir bien, repartir en platos, espolvorear por encima el resto de los ingredientes y servir.

Nutrición: calorías 188, grasa 13.4, fibra 6.4, carbohidratos 15, proteína 6.1

Ensalada de aguacate

Tiempo de preparación: 5 minutos.
Tiempo de cocción: 0 minutos.
Porciones: 4

Ingredientes:
- 2 cucharadas de aceite de oliva
- 2 aguacates, pelados, sin hueso y cortados en gajos
- 1 taza de aceitunas kalamata, sin hueso y cortadas por la mitad
- 1 taza de tomates en cubos
- 1 cucharada de jengibre rallado
- Una pizca de pimienta negra
- 2 tazas de rúcula tierna
- 1 cucharada de vinagre balsámico

Direcciones:
1. En un bol, combine los aguacates con la kalamata y los demás ingredientes, mezcle y sirva como guarnición.

Nutrición: calorías 320, grasa 30.4, fibra 8.7, carbohidratos 13.9, proteína 3

Ensalada de rábano

Tiempo de preparación: 5 minutos.
Tiempo de cocción: 0 minutos.
Porciones: 4

Ingredientes:
- 2 cebollas verdes, en rodajas
- 1 libra de rábanos, en cubos
- 2 cucharadas de vinagre balsámico
- 2 cucharadas de aceite de oliva
- 1 cucharadita de chile en polvo
- 1 taza de aceitunas negras, sin hueso y cortadas por la mitad
- Una pizca de pimienta negra

Direcciones:
1. En una ensaladera grande, combine los rábanos con las cebollas y los otros ingredientes, mezcle y sirva como guarnición.

Nutrición: calorías 123, grasa 10.8, fibra 3.3, carbohidratos 7, proteína 1.3

Ensalada de endivias al limón

Tiempo de preparación: 5 minutos.
Tiempo de cocción: 0 minutos.
Porciones: 4

Ingredientes:
- 2 endivias, ralladas
- 1 cucharada de eneldo picado
- ¼ de taza de jugo de limón
- ¼ taza de aceite de oliva
- 2 tazas de espinacas tiernas
- 2 tomates, en cubos
- 1 pepino en rodajas
- ½ taza de nueces picadas

Direcciones:
1. En un tazón grande, combine las endivias con las espinacas y los demás ingredientes, mezcle y sirva como guarnición.

Nutrición: calorías 238, grasa 22,3, fibra 3,1, carbohidratos 8,4, proteína 5,7

Mezcla de Aceitunas y Maíz

Tiempo de preparación: 5 minutos.
Tiempo de cocción: 0 minutos.
Porciones: 4

Ingredientes:
- 2 cucharadas de aceite de oliva
- 1 cucharada de vinagre balsámico
- Una pizca de pimienta negra
- 4 tazas de maíz
- 2 tazas de aceitunas negras, sin hueso y cortadas por la mitad
- 1 cebolla morada picada
- ½ taza de tomates cherry, cortados por la mitad
- 1 cucharada de albahaca picada
- 1 cucharada de jalapeño picado
- 2 tazas de lechuga romana, rallada

Direcciones:
1. En un tazón grande, combine el maíz con las aceitunas, la lechuga y los demás ingredientes, mezcle bien, divida en platos y sirva como guarnición.

Nutrición: calorías 290, grasa 16.1, fibra 7.4, carbohidratos 37.6, proteína 6.2

Ensalada de rúcula y piñones

Tiempo de preparación: 5 minutos.
Tiempo de cocción: 0 minutos.
Porciones: 4

Ingredientes:
- ¼ de taza de semillas de granada
- 5 tazas de rúcula tierna
- 6 cucharadas de cebollas verdes picadas
- 1 cucharada de vinagre balsámico
- 2 cucharadas de aceite de oliva
- 3 cucharadas de piñones
- ½ chalota picada

Direcciones:
1. En una ensaladera, combine la rúcula con la granada y los demás ingredientes, mezcle y sirva.

Nutrición: calorías 120, grasa 11.6, fibra 0.9, carbohidratos 4.2, proteína 1.8

Almendras y espinacas

Tiempo de preparación: 10 minutos.
Tiempo de cocción: 0 minutos.
Porciones: 4

Ingredientes:
- 2 cucharadas de aceite de oliva
- 2 aguacates, pelados, sin hueso y cortados en gajos
- 3 tazas de espinacas tiernas
- ¼ de taza de almendras tostadas y picadas
- 1 cucharada de jugo de limón
- 1 cucharada de cilantro picado

Direcciones:
1. En un bol, combine los aguacates con las almendras, las espinacas y los demás ingredientes, mezcle y sirva como guarnición.

Nutrición: calorías 181, grasa 4, fibra 4.8, carbohidratos 11.4, proteína 6

Ensalada de Frijoles Verdes y Maíz

Tiempo de preparación: 4 minutos.
Tiempo de cocción: 0 minutos.
Porciones: 4

Ingredientes:
- Zumo de 1 lima
- 2 tazas de lechuga romana, rallada
- 1 taza de maíz
- ½ libra de ejotes, blanqueados y cortados por la mitad
- 1 pepino picado
- 1/3 taza de cebollino picado

Direcciones:
1. En un bol, combine las judías verdes con el maíz y los demás ingredientes, mezcle y sirva.

Nutrición: calorías 225, grasa 12, fibra 2.4, carbohidratos 11.2, proteína 3.5

Ensalada de endivias y col rizada

Tiempo de preparación: 4 minutos.
Tiempo de cocción: 0 minutos.
Porciones: 4

Ingredientes:
- 3 cucharadas de aceite de oliva
- 2 endivias, cortadas y ralladas
- 2 cucharadas de jugo de lima
- 1 cucharada de ralladura de lima rallada
- 1 cebolla morada en rodajas
- 1 cucharada de vinagre balsámico
- 1 libra de col rizada, desgarrada
- Una pizca de pimienta negra

Direcciones:
1. En un bol, combine las endivias con la col rizada y los demás ingredientes, mezcle bien y sirva frío como guarnición.

Nutrición: calorías 270, grasa 11.4, fibra 5, carbohidratos 14.3, proteína 5.7

Ensalada Edamame

Tiempo de preparación: 5 minutos.
Tiempo de cocción: 6 minutos.
Porciones: 4

Ingredientes:
- 2 cucharadas de aceite de oliva
- 2 cucharadas de vinagre balsámico
- 2 dientes de ajo picados
- 3 tazas de edamame, sin cáscara
- 1 cucharada de cebollino picado
- 2 chalotas picadas

Direcciones:
1. Calentar una sartén con el aceite a fuego medio, agregar el edamame, el ajo y los demás ingredientes, remover, cocinar por 6 minutos, repartir en platos y servir.

Nutrición: calorías 270, grasa 8.4, fibra 5.3, carbohidratos 11.4, proteína 6

Ensalada de uvas y aguacates

Tiempo de preparación: 5 minutos.
Tiempo de cocción: 0 minutos.
Porciones: 4

Ingredientes:
- 2 tazas de espinacas tiernas
- 2 aguacates, pelados, sin hueso y cortados en cubos
- 1 pepino en rodajas
- 1 y ½ tazas de uvas verdes, cortadas por la mitad
- 2 cucharadas de aceite de aguacate
- 1 cucharada de vinagre de sidra
- 2 cucharadas de perejil picado
- Una pizca de pimienta negra

Direcciones:
1. En una ensaladera, combine las espinacas tiernas con los aguacates y los demás ingredientes, mezcle y sirva.

Nutrición: calorías 277, grasa 11.4, fibra 5, carbohidratos 14.6, proteína 4

Mezcla de berenjena con orégano

Tiempo de preparación: 10 minutos.
Tiempo de cocción: 20 minutos.
Porciones: 4

Ingredientes:
- 2 berenjenas grandes, cortadas en cubos
- 1 cucharada de orégano picado
- ½ taza de parmesano rallado bajo en grasa
- ¼ de cucharadita de ajo en polvo
- 2 cucharadas de aceite de oliva
- Una pizca de pimienta negra

Direcciones:
1. En un molde para hornear combine las berenjenas con el orégano y los demás ingredientes excepto el queso y mezcle.
2. Espolvoree parmesano encima, introduzca en el horno y hornee a 370 grados F durante 20 minutos.
3. Dividir entre platos y servir como guarnición.

Nutrición: calorías 248, grasa 8.4, fibra 4, carbohidratos 14.3, proteína 5.4

Mezcla de tomates al horno

Tiempo de preparación: 10 minutos.
Tiempo de cocción: 20 minutos.
Porciones: 4

Ingredientes:
- 2 libras de tomates, cortados por la mitad
- 1 cucharada de albahaca picada
- 3 cucharadas de aceite de oliva
- Ralladura de 1 limón rallado
- 3 dientes de ajo picados
- ¼ taza de parmesano bajo en grasa, rallado
- Una pizca de pimienta negra

Direcciones:
1. En un molde para hornear, combine los tomates con la albahaca y los demás ingredientes excepto el queso y mezcle.
2. Espolvoree el parmesano por encima, introduzca en el horno a 375 grados F durante 20 minutos, divida entre platos y sirva como guarnición.

Nutrición: calorías 224, grasa 12, fibra 4.3, carbohidratos 10.8, proteína 5.1

Setas de tomillo

Tiempo de preparación: 10 minutos.
Tiempo de cocción: 30 minutos.
Porciones: 4

Ingredientes:
- 2 libras de champiñones blancos, cortados por la mitad
- 4 dientes de ajo picados
- 2 cucharadas de aceite de oliva
- 1 cucharada de tomillo picado
- 2 cucharadas de perejil picado
- Pimienta negra al gusto

Direcciones:
1. En un molde para hornear, combine los champiñones con el ajo y los demás ingredientes, mezcle, introduzca en el horno y cocine a 400 grados F durante 30 minutos.
2. Dividir entre platos y servir como guarnición.

Nutrición: calorías 251, grasa 9.3, fibra 4, carbohidratos 13.2, proteína 6

Salteado de Espinacas y Maíz

Tiempo de preparación: 10 minutos.
Tiempo de cocción: 15 minutos.
Porciones: 4

Ingredientes:
- 1 taza de maíz
- 1 libra de hojas de espinaca
- 1 cucharadita de pimentón dulce
- 1 cucharada de aceite de oliva
- 1 cebolla amarilla picada
- ½ taza de albahaca, picada
- Una pizca de pimienta negra
- ½ cucharadita de hojuelas de pimiento rojo

Direcciones:
1. Calienta una sartén con el aceite a fuego medio-alto, agrega la cebolla, revuelve y sofríe por 5 minutos.
2. Agrega el elote, la espinaca y los demás ingredientes, revuelve, cocina a fuego medio por 10 minutos más, divide en platos y sirve.

Nutrición: calorías 201, grasa 13.1, fibra 2.5, carbohidratos 14.4, proteína 3.7

Salteado de Maíz y Cebolletas

Tiempo de preparación: 10 minutos.
Tiempo de cocción: 15 minutos.
Porciones: 4

Ingredientes:
- 4 tazas de maíz
- 1 cucharada de aceite de aguacate
- 2 chalotas picadas
- 1 cucharadita de chile en polvo
- 2 cucharadas de pasta de tomate, sin sal agregada
- 3 cebolletas picadas
- Una pizca de pimienta negra

Direcciones:
1. Calienta una sartén con el aceite a fuego medio-alto, agrega las cebolletas y el chile en polvo, revuelve y sofríe por 5 minutos.
2. Agrega el maíz y los demás ingredientes, revuelve, cocina por 10 minutos más, divide en platos y sirve como guarnición.

Nutrición: calorías 259, grasa 11.1, fibra 2.6, carbohidratos 13.2, proteína 3.5

Ensalada de espinacas y mango

Tiempo de preparación: 10 minutos.
Tiempo de cocción: 0 minutos.
Porciones: 4

Ingredientes:
- 1 taza de mango, pelado y cortado en cubos
- 4 tazas de espinacas tiernas
- 1 cucharada de aceite de oliva
- 2 cebolletas picadas
- 1 cucharada de jugo de limón
- 1 cucharada de alcaparras, escurridas, sin sal agregada
- 1/3 taza de almendras picadas

Direcciones:
1. En un bol mezclar las espinacas con el mango y los demás ingredientes, mezclar y servir.

Nutrición: calorías 200, grasa 7.4, fibra 3, carbohidratos 4.7, proteína 4.4

Patatas Mostaza

Tiempo de preparación: 5 minutos.
Tiempo de cocción: 1 hora.
Porciones: 4

Ingredientes:
- 1 libra de papas doradas, peladas y cortadas en gajos
- 2 cucharadas de aceite de oliva
- Una pizca de pimienta negra
- 2 cucharadas de romero picado
- 1 cucharada de mostaza de Dijon
- 2 dientes de ajo picados

Direcciones:
1. En una bandeja para hornear, combine las papas con el aceite y los demás ingredientes, mezcle, introduzca en el horno a 400 grados F y hornee por aproximadamente 1 hora.
2. Divida entre platos y sirva como guarnición de inmediato.

Nutrición: calorías 237, grasa 11.5, fibra 6.4, carbohidratos 14.2, proteína 9

Coles de Bruselas de coco

Tiempo de preparación: 5 minutos.
Tiempo de cocción: 30 minutos.
Porciones: 4

Ingredientes:
- 1 libra de coles de Bruselas, cortadas y cortadas por la mitad
- 1 taza de crema de coco
- 1 cucharada de aceite de oliva
- 2 chalotas picadas
- Una pizca de pimienta negra
- ½ taza de anacardos picados

Direcciones:
1. En una fuente para asar, combine los brotes con la crema y el resto de los ingredientes, mezcle y hornee en el horno durante 30 minutos a 350 grados F.
2. Dividir entre platos y servir como guarnición.

Nutrición: calorías 270, grasa 6.5, fibra 5.3, carbohidratos 15.9, proteína 3.4

Zanahorias de salvia

Tiempo de preparación: 10 minutos.
Tiempo de cocción: 30 minutos.
Porciones: 4

Ingredientes:
- 2 cucharadas de aceite de oliva
- 2 cucharaditas de pimentón dulce
- 1 libra de zanahorias, peladas y cortadas en cubos
- 1 cebolla morada picada
- 1 cucharada de salvia picada
- Una pizca de pimienta negra

Direcciones:
1. En una bandeja para hornear, combine las zanahorias con el aceite y los otros ingredientes, mezcle y hornee a 380 grados F durante 30 minutos.
2. Dividir en platos y servir.

Nutrición: calorías 200, grasa 8.7, fibra 2.5, carbohidratos 7.9, proteína 4

Hongos con ajo y maíz

Tiempo de preparación: 10 minutos.
Tiempo de cocción: 20 minutos.
Porciones: 4

Ingredientes:
- 1 libra de champiñones blancos, cortados por la mitad
- 2 tazas de maíz
- 2 cucharadas de aceite de oliva
- 4 dientes de ajo picados
- 1 taza de tomates enlatados, sin sal agregada, picados
- Una pizca de pimienta negra
- ½ cucharadita de chile en polvo

Direcciones:
1. Calentar una sartén con el aceite a fuego medio, agregar los champiñones, el ajo y el elote, remover y sofreír por 10 minutos.
2. Agrega el resto de los ingredientes, revuelve, cocina a fuego medio por 10 minutos más, divide en platos y sirve.

Nutrición: calorías 285, grasa 13, fibra 2.2, carbohidratos 14.6, proteína 6.7.

Judías verdes al pesto

Tiempo de preparación: 10 minutos.
Tiempo de cocción: 15 minutos.
Porciones: 4

Ingredientes:
- 2 cucharadas de pesto de albahaca
- 2 cucharaditas de pimentón dulce
- 1 libra de judías verdes, cortadas y cortadas por la mitad
- Jugo de 1 limón
- 2 cucharadas de aceite de oliva
- 1 cebolla morada en rodajas
- Una pizca de pimienta negra

Direcciones:
1. Calienta una sartén con el aceite a fuego medio-alto, agrega la cebolla, revuelve y sofríe por 5 minutos.
2. Agrega los frijoles y el resto de los ingredientes, revuelve, cocina a fuego medio durante 10 minutos, divide en platos y sirve.

Nutrición: calorías 280, grasa 10, fibra 7.6, carbohidratos 13.9, proteína 4.7

Tomates al estragón

Tiempo de preparación: 5 minutos.
Tiempo de cocción: 0 minutos.
Porciones: 4

Ingredientes:
- 1 y ½ cucharada de aceite de oliva
- 1 libra de tomates, cortados en gajos
- 1 cucharada de jugo de lima
- 1 cucharada de ralladura de lima rallada
- 2 cucharadas de estragón picado
- Una pizca de pimienta negra

Direcciones:
1. En un tazón, combine los tomates con los otros ingredientes, mezcle y sirva como ensalada.

Nutrición: calorías 170, grasa 4, fibra 2.1, carbohidratos 11.8, proteínas 6

Remolacha de almendras

Tiempo de preparación: 10 minutos.
Tiempo de cocción: 30 minutos.
Porciones: 4

Ingredientes:
- 4 remolachas, peladas y cortadas en gajos
- 3 cucharadas de aceite de oliva
- 2 cucharadas de almendras picadas
- 2 cucharadas de vinagre balsámico
- Una pizca de pimienta negra
- 2 cucharadas de perejil picado

Direcciones:
1. En un molde para hornear, combine las remolachas con el aceite y los demás ingredientes, mezcle, introduzca en el horno y hornee a 400 grados F durante 30 minutos.
2. Divida la mezcla entre platos y sirva.

Nutrición: calorías 230, grasa 11, fibra 4.2, carbohidratos 7.3, proteína 3.6

Tomates Menta y Maíz

Tiempo de preparación: 5 minutos.
Tiempo de cocción: 0 minutos.
Porciones: 4

Ingredientes:
- 2 cucharadas de menta picada
- 1 libra de tomates, cortados en gajos
- 2 tazas de maíz
- 2 cucharadas de aceite de oliva
- 1 cucharada de vinagre de romero
- Una pizca de pimienta negra

Direcciones:
1. En una ensaladera, combine los tomates con el elote y los demás ingredientes, mezcle y sirva.

¡Disfrutar!

Nutrición: calorías 230, grasa 7.2, fibra 2, carbohidratos 11.6, proteína 4

Salsa de Calabacín y Aguacate

Tiempo de preparación: 5 minutos.
Tiempo de cocción: 10 minutos.
Porciones: 4

Ingredientes:
- 2 cucharadas de aceite de oliva
- 2 calabacines, en cubos
- 1 aguacate, pelado, sin hueso y en cubos
- 2 tomates, en cubos
- 1 pepino en cubos
- 1 cebolla amarilla picada
- 2 cucharadas de jugo de lima fresco
- 2 cucharadas de cilantro picado

Direcciones:
1. Calienta una sartén con el aceite a fuego medio, agrega la cebolla y los calabacines, revuelve y cocina por 5 minutos.
2. Agrega el resto de los ingredientes, mezcla, cocina por 5 minutos más, divide en platos y sirve.

Nutrición: calorías 290, grasa 11.2, fibra 6.1, carbohidratos 14.7, proteína 5.6

Mezcla de manzanas y repollo

Tiempo de preparación: 5 minutos.
Tiempo de cocción: 0 minutos.
Porciones: 4

Ingredientes:
- 2 manzanas verdes, sin corazón y en cubos
- 1 repollo morado, rallado
- 2 cucharadas de vinagre balsámico
- ½ cucharadita de semillas de alcaravea
- 2 cucharadas de aceite de oliva
- Pimienta negra al gusto

Direcciones:
1. En un tazón, combine el repollo con las manzanas y los otros ingredientes, mezcle y sirva como ensalada.

Nutrición: calorías 165, grasa 7.4, fibra 7.3, carbohidratos 26, proteína 2.6

Remolacha asada

Tiempo de preparación: 10 minutos.
Tiempo de cocción: 30 minutos.
Porciones: 4

Ingredientes:
- 4 remolachas, peladas y cortadas en gajos
- 2 cucharadas de aceite de oliva
- 2 dientes de ajo picados
- Una pizca de pimienta negra
- ¼ taza de perejil picado
- ¼ de taza de nueces picadas

Direcciones:
1. En una fuente para hornear, combine las remolachas con el aceite y los demás ingredientes, mezcle para cubrir, introduzca en el horno a 420 grados F, hornee por 30 minutos, divida en platos y sirva como guarnición.

Nutrición: calorías 156, grasa 11.8, fibra 2.7, carbohidratos 11.5, proteína 3.8

Repollo al eneldo

Tiempo de preparación: 10 minutos.
Tiempo de cocción: 15 minutos.
Porciones: 4

Ingredientes:
- 1 libra de repollo verde, rallado
- 1 cebolla amarilla picada
- 1 tomate en cubos
- 1 cucharada de eneldo picado
- Una pizca de pimienta negra
- 1 cucharada de aceite de oliva

Direcciones:
1. Calienta una sartén con el aceite a fuego medio, agrega la cebolla y sofríe por 5 minutos.
2. Agrega la col y el resto de los ingredientes, revuelve, cocina a fuego medio por 10 minutos, divide en platos y sirve.

Nutrición: calorías 74, grasa 3.7, fibra 3.7, carbohidratos 10.2, proteína 2.1

Ensalada de repollo y zanahoria

Tiempo de preparación: 5 minutos.
Tiempo de cocción: 0 minutos.
Porciones: 4

Ingredientes:
- 2 chalotas picadas
- 2 zanahorias ralladas
- 1 repollo morado grande, rallado
- 1 cucharada de aceite de oliva
- 1 cucharada de vinagre rojo
- Una pizca de pimienta negra
- 1 cucharada de jugo de lima

Direcciones:
1. En un bol, mezcle el repollo con las chalotas y los demás ingredientes, mezcle y sirva como guarnición.

Nutrición: calorías 106, grasa 3.8, fibra 6.5, carbohidratos 18, proteína 3.3

Salsa de Tomate y Aceitunas

Tiempo de preparación: 10 minutos.
Tiempo de cocción: 0 minutos.
Porciones: 6

Ingredientes:
- 1 libra de tomates cherry, cortados por la mitad
- 2 cucharadas de aceite de oliva
- 1 taza de aceitunas kalamata, sin hueso y cortadas por la mitad
- Una pizca de pimienta negra
- 1 cebolla morada picada
- 1 cucharada de vinagre balsámico
- ¼ de taza de cilantro picado

Direcciones:
1. En un bol, mezcle los tomates con las aceitunas y los demás ingredientes, mezcle y sirva como guarnición.

Nutrición: calorías 131, grasa 10.9, fibra 3.1, carbohidratos 9.2, proteína 1.6

Ensalada de calabacín

Tiempo de preparación: 4 minutos.
Tiempo de cocción: 0 minutos.
Porciones: 4

Ingredientes:
- 2 calabacines, cortados con espiral
- 1 cebolla morada en rodajas
- 1 cucharada de pesto de albahaca
- 1 cucharada de jugo de limón
- 1 cucharada de aceite de oliva
- ½ taza de cilantro picado
- Pimienta negra al gusto

Direcciones:
1. En una ensaladera, mezcle los calabacines con la cebolla y los demás ingredientes, mezcle y sirva.

Nutrición: calorías 58, grasa 3.8, fibra 1.8, carbohidratos 6, proteína 1.6

Ensalada De Zanahorias Al Curry

Tiempo de preparación: 4 minutos.
Tiempo de cocción: 0 minutos.
Porciones: 4

Ingredientes:
- 1 libra de zanahorias, peladas y ralladas
- 2 cucharadas de aceite de aguacate
- 2 cucharadas de jugo de limón
- 3 cucharadas de ajonjolí
- ½ cucharadita de curry en polvo
- 1 cucharadita de romero seco
- ½ cucharadita de comino, molido

Direcciones:
1. En un bol, mezcle las zanahorias con el aceite, el jugo de limón y los demás ingredientes, mezcle y sirva frío como guarnición.

Nutrición: calorías 99, grasa 4.4, fibra 4.2, carbohidratos 13.7, proteína 2.4

Ensalada de lechuga y remolacha

Tiempo de preparación: 5 minutos.
Tiempo de cocción: 0 minutos.
Porciones: 4

Ingredientes:
- 1 cucharada de jengibre rallado
- 2 dientes de ajo picados
- 4 tazas de lechuga romana, cortada
- 1 remolacha, pelada y rallada
- 2 cebollas verdes picadas
- 1 cucharada de vinagre balsámico
- 1 cucharada de ajonjolí

Direcciones:
1. En un bol, combine la lechuga con el jengibre, el ajo y los demás ingredientes, mezcle y sirva como guarnición.

Nutrición: calorías 42, grasa 1.4, fibra 1.5, carbohidratos 6.7, proteína 1.4

Rábanos con hierbas

Tiempo de preparación: 5 minutos.
Tiempo de cocción: 0 minutos.
Porciones: 4

Ingredientes:
- 1 libra de rábanos rojos, cortados en cubos
- 1 cucharada de cebollino picado
- 1 cucharada de perejil picado
- 1 cucharada de orégano picado
- 2 cucharadas de aceite de oliva
- 1 cucharada de jugo de lima
- Pimienta negra al gusto

Direcciones:
1. En una ensaladera, mezcle los rábanos con el cebollino y los demás ingredientes, mezcle y sirva.

Nutrición: calorías 85, grasa 7.3, fibra 2.4, carbohidratos 5.6, proteína 1

Mezcla de hinojo al horno

Tiempo de preparación: 5 minutos.
Tiempo de cocción: 20 minutos.
Porciones: 4

Ingredientes:
- 2 bulbos de hinojo, en rodajas
- 1 cucharadita de pimentón dulce
- 1 cebolla morada pequeña, en rodajas
- 2 cucharadas de aceite de oliva
- 2 cucharadas de jugo de lima
- 2 cucharadas de eneldo picado
- Pimienta negra al gusto

Direcciones:
1. En una fuente para asar, combine el hinojo con el pimentón y los otros ingredientes, mezcle y hornee a 380 grados F durante 20 minutos.
2. Divida la mezcla entre platos y sirva.

Nutrición: calorías 114, grasa 7.4, fibra 4.5, carbohidratos 13.2, proteína 2.1

Morrones asados

Tiempo de preparación: 10 minutos.
Tiempo de cocción: 30 minutos.
Porciones: 4

Ingredientes:
- 1 libra de pimientos morrones mixtos, cortados en gajos
- 1 cebolla morada, finamente rebanada
- 2 cucharadas de aceite de oliva
- Pimienta negra al gusto
- 1 cucharada de orégano picado
- 2 cucharadas de hojas de menta picadas

Direcciones:
1. En una fuente para asar, combine los pimientos morrones con la cebolla y los otros ingredientes, mezcle y hornee a 380 grados F durante 30 minutos.
2. Divida la mezcla entre platos y sirva.

Nutrición: calorías 240, grasa 8.2, fibra 4.2, carbohidratos 11.3, proteína 5.6

Salteado de dátiles y repollo

Tiempo de preparación: 5 minutos.
Tiempo de cocción: 15 minutos.
Porciones: 4

Ingredientes:
- 1 libra de col lombarda, rallada
- 8 dátiles, sin hueso y en rodajas
- 2 cucharadas de aceite de oliva
- ¼ de taza de caldo de verduras bajo en sodio
- 2 cucharadas de cebolletas picadas
- 2 cucharadas de jugo de limón
- Pimienta negra al gusto

Direcciones:
1. Calentar una sartén con el aceite a fuego medio, agregar la col y los dátiles, remover y cocinar por 4 minutos.
2. Agrega el caldo y los demás ingredientes, revuelve, cocina a fuego medio por 11 minutos más, divide en platos y sirve.

Nutrición: calorías 280, grasa 8.1, fibra 4.1, carbohidratos 8.7, proteína 6.3

Mezcla de frijoles negros

Tiempo de preparación: 4 minutos.
Tiempo de cocción: 0 minutos.
Porciones: 4

Ingredientes:
- 3 tazas de frijoles negros enlatados, sin sal agregada, escurridos y enjuagados
- 1 taza de tomates cherry, cortados por la mitad
- 2 chalotas picadas
- 3 cucharadas de aceite de oliva
- 1 cucharada de vinagre balsámico
- Pimienta negra al gusto
- 1 cucharada de cebollino picado

Direcciones:
1. En un bol, combine los frijoles con los tomates y los demás ingredientes, mezcle y sirva frío como guarnición.

Nutrición: calorías 310, grasa 11.0, fibra 5.3, carbohidratos 19.6, proteína 6.8

Mix de Aceitunas y Endivias

Tiempo de preparación: 4 minutos.
Tiempo de cocción: 0 minutos.
Porciones: 4

Ingredientes:
- 2 cebolletas picadas
- 2 endivias, ralladas
- 1 taza de aceitunas negras, sin hueso y en rodajas
- ½ taza de aceitunas kalamata, sin hueso y en rodajas
- ¼ taza de vinagre de sidra de manzana
- 2 cucharadas de aceite de oliva
- 1 cucharada de cilantro picado

Direcciones:
1. En un bol mezclar las endivias con las aceitunas y el resto de ingredientes, mezclar y servir.

Nutrición: calorías 230, grasa 9.1, fibra 6.3, carbohidratos 14.6, proteína 7.2

Ensalada de tomates y pepino

Tiempo de preparación: 5 minutos.
Tiempo de cocción: 0 minutos.
Porciones: 4

Ingredientes:
- ½ libra de tomates, en cubos
- 2 pepinos, en rodajas
- 1 cucharada de aceite de oliva
- 2 cebolletas picadas
- Pimienta negra al gusto
- Zumo de 1 lima
- ½ taza de albahaca picada

Direcciones:
1. En una ensaladera, combine los tomates con el pepino y los demás ingredientes, mezcle y sirva frío.

Nutrición: calorías 224, grasa 11.2, fibra 5.1, carbohidratos 8.9, proteína 6.2

Ensalada De Pimientos Y Zanahoria

Tiempo de preparación: 5 minutos.
Tiempo de cocción: 0 minutos.
Porciones: 4

Ingredientes:
- 1 taza de tomates cherry, cortados por la mitad
- 1 pimiento amarillo picado
- 1 pimiento rojo picado
- 1 pimiento verde picado
- ½ libra de zanahorias, ralladas
- 3 cucharadas de vinagre de vino tinto
- 2 cucharadas de aceite de oliva
- 1 cucharada de cilantro picado
- Pimienta negra al gusto

Direcciones:
1. En una ensaladera, mezcle los tomates con los pimientos, las zanahorias y los demás ingredientes, mezcle y sirva como guarnición.

Nutrición: calorías 123, grasa 4, fibra 8.4, carbohidratos 14.4, proteína 1.1

Mezcla de Frijoles Negros y Arroz

Tiempo de preparación: 10 minutos.
Tiempo de cocción: 30 minutos.
Porciones: 4

Ingredientes:
- 2 cucharadas de aceite de oliva
- 1 cebolla amarilla picada
- 1 taza de frijoles negros enlatados, sin sal agregada, escurridos y enjuagados
- 2 tazas de arroz negro
- 4 tazas de caldo de pollo bajo en sodio
- 2 cucharadas de tomillo picado
- Ralladura de ½ limón rallada
- Una pizca de pimienta negra

Direcciones:
1. Calienta una sartén con el aceite a fuego medio-alto, agrega la cebolla, revuelve y sofríe por 4 minutos.
2. Agrega los frijoles, el arroz y los demás ingredientes, revuelve, lleva a ebullición y cocina a fuego medio durante 25 minutos.
3. Revuelva la mezcla, divida en platos y sirva.

Nutrición: calorías 290, grasa 15.3, fibra 6.2, carbohidratos 14.6, proteína 8

Mezcla de arroz y coliflor

Tiempo de preparación: 10 minutos.
Tiempo de cocción: 25 minutos.
Porciones: 4

Ingredientes:
- 1 taza de floretes de coliflor
- 1 taza de arroz blanco
- 2 tazas de caldo de pollo bajo en sodio
- 1 cucharada de aceite de aguacate
- 2 chalotas picadas
- ¼ de taza de arándanos
- ½ taza de almendras en rodajas

Direcciones:
1. Calienta una sartén con el aceite a fuego medio, agrega las chalotas, revuelve y sofríe por 5 minutos.
2. Agrega la coliflor, el arroz y los demás ingredientes, revuelve, lleva a fuego lento y cocina a fuego medio durante 20 minutos.
3. Divida la mezcla entre platos y sirva.

Nutrición: calorías 290, grasa 15.1, fibra 5.6, carbohidratos 7, proteína 4.5

Mezcla de frijoles balsámicos

Tiempo de preparación: 10 minutos.
Tiempo de cocción: 0 minutos.
Porciones: 4

Ingredientes:
- 2 tazas de frijoles negros enlatados, sin sal agregada, escurridos y enjuagados
- 2 tazas de frijoles blancos enlatados, sin sal agregada, escurridos y enjuagados
- 2 cucharadas de vinagre balsámico
- 2 cucharadas de aceite de oliva
- 1 cucharadita de orégano seco
- 1 cucharadita de albahaca seca
- 1 cucharada de cebollino picado

Direcciones:
1. En una ensaladera, combine los frijoles con el vinagre y los otros ingredientes, mezcle y sirva como ensalada.

Nutrición: calorías 322, grasa 15.1, fibra 10, carbohidratos 22.0, proteína 7

Remolacha Cremosa

Tiempo de preparación: 5 minutos.
Tiempo de cocción: 20 minutos.
Porciones: 4

Ingredientes:
- 1 libra de remolacha, pelada y en cubos
- 1 cebolla morada picada
- 1 cucharada de aceite de oliva
- ½ taza de crema de coco
- 4 cucharadas de yogur descremado
- 1 cucharada de cebollino picado

Direcciones:
1. Calienta una sartén con el aceite a fuego medio, agrega la cebolla, revuelve y sofríe por 4 minutos.
2. Agrega la remolacha, la crema y los demás ingredientes, revuelve, cocina a fuego medio por 15 minutos más, divide en platos y sirve.

Nutrición: calorías 250, grasa 13.4, fibra 3, carbohidratos 13.3, proteína 6.4

Mezcla de aguacate y pimientos morrones

Tiempo de preparación: 10 minutos.
Tiempo de cocción: 14 minutos.
Porciones: 4

Ingredientes:
- 1 cucharada de aceite de aguacate
- 1 cucharadita de pimentón dulce
- 1 libra de pimientos morrones mezclados, cortados en tiras
- 1 aguacate, pelado, sin hueso y cortado a la mitad
- 1 cucharadita de ajo en polvo
- 1 cucharadita de romero seco
- ½ taza de caldo de verduras bajo en sodio
- Pimienta negra al gusto

Direcciones:
1. Calentar una sartén con el aceite a fuego medio-alto, agregar todos los pimientos morrones, remover y sofreír por 5 minutos.
2. Agrega el resto de los ingredientes, revuelve, cocina por 9 minutos más a fuego medio, divide entre platos y sirve.

Nutrición: calorías 245, grasa 13.8, fibra 5, carbohidratos 22.5, proteína 5.4

Camote y remolacha asados

Tiempo de preparación: 10 minutos.
Tiempo de cocción: 1 hora.
Porciones: 4

Ingredientes:
- 3 cucharadas de aceite de oliva
- 2 batatas, peladas y cortadas en gajos
- 2 remolachas, peladas y cortadas en gajos
- 1 cucharada de orégano picado
- 1 cucharada de jugo de lima
- Pimienta negra al gusto

Direcciones:
1. Colocar las batatas y las remolachas en una bandeja para hornear forrada, agregar el resto de los ingredientes, mezclar, introducir en el horno y hornear a 375 grados F durante 1 hora /
2. Dividir entre platos y servir como guarnición.

Nutrición: calorías 240, grasa 11.2, fibra 4, carbohidratos 8.6, proteína 12.1

Kale Salteado

Tiempo de preparación: 10 minutos.
Tiempo de cocción: 15 minutos.
Porciones: 4

Ingredientes:
- 2 cucharadas de aceite de oliva
- 3 cucharadas de aminoácidos de coco
- 1 libra de col rizada, desgarrada
- 1 cebolla morada picada
- 2 dientes de ajo picados
- 1 cucharada de jugo de lima
- 1 cucharada de cilantro picado

Direcciones:
1. Calentar una sartén con el aceite de oliva a fuego medio, agregar la cebolla y el ajo y sofreír por 5 minutos.
2. Agrega la col rizada y los demás ingredientes, revuelve, cocina a fuego medio durante 10 minutos, divide en platos y sirve.

Nutrición: calorías 200, grasa 7.1, fibra 2, carbohidratos 6.4, proteína 6

Zanahorias especiadas

Tiempo de preparación: 10 minutos.
Tiempo de cocción: 20 minutos.
Porciones: 4

Ingredientes:
- 1 cucharada de jugo de limón
- 1 cucharada de aceite de oliva
- ½ cucharadita de pimienta de Jamaica, molida
- ½ cucharadita de comino, molido
- ½ cucharadita de nuez moscada molida
- 1 libra de zanahorias pequeñas, cortadas
- 1 cucharada de romero picado
- Pimienta negra al gusto

Direcciones:
1. En una fuente para asar, combine las zanahorias con el jugo de limón, el aceite y los demás ingredientes, mezcle, introduzca en el horno y hornee a 400 grados F por 20 minutos.
2. Dividir en platos y servir.

Nutrición: calorías 260, grasa 11.2, fibra 4.5, carbohidratos 8.3, proteína 4.3

Alcachofas al limón

Tiempo de preparación: 10 minutos.
Tiempo de cocción: 20 minutos.
Porciones: 4

Ingredientes:
- 2 cucharadas de jugo de limón
- 4 alcachofas, cortadas y cortadas por la mitad
- 1 cucharada de eneldo picado
- 2 cucharadas de aceite de oliva
- Una pizca de pimienta negra

Direcciones:
1. En una fuente para asar, combine las alcachofas con el jugo de limón y los otros ingredientes, mezcle suavemente y hornee a 400 grados F por 20 minutos, divida entre platos y sirva.

Nutrición: calorías 140, grasa 7.3, fibra 8.9, carbohidratos 17.7, proteína 5.5

Brócoli, Frijoles y Arroz

Tiempo de preparación: 10 minutos.
Tiempo de cocción: 30 minutos.
Porciones: 4

Ingredientes:
- 1 taza de floretes de brócoli, picados
- 1 taza de frijoles negros enlatados, sin sal agregada, escurridos
- 1 taza de arroz blanco
- 2 tazas de caldo de pollo bajo en sodio
- 2 cucharaditas de pimentón dulce
- Pimienta negra al gusto

Direcciones:
1. Poner el caldo en una olla, calentar a fuego medio, agregar el arroz y los demás ingredientes, remover, llevar a ebullición y cocinar por 30 minutos removiendo de vez en cuando.
2. Divida la mezcla entre platos y sirva como guarnición.

Nutrición: calorías 347, grasa 1.2, fibra 9, carbohidratos 69.3, proteína 15.1

Mezcla de calabaza al horno

Tiempo de preparación: 10 minutos.
Tiempo de cocción: 45 minutos.
Porciones: 4

Ingredientes:
- 2 cucharadas de aceite de oliva
- 2 libras de calabaza, pelada y cortada en gajos
- 1 cucharada de jugo de limón
- 1 cucharadita de chile en polvo
- 1 cucharadita de ajo en polvo
- 2 cucharaditas de cilantro picado
- Una pizca de pimienta negra

Direcciones
1. En una fuente para asar, combine la calabaza con el aceite y los demás ingredientes, mezcle suavemente, hornee en el horno a 400 grados F durante 45 minutos, divida entre platos y sirva como guarnición.

Nutrición: calorías 167, grasa 7.4, fibra 4.9, carbohidratos 27.5, proteína 2.5

Espárragos cremosos

Tiempo de preparación: 5 minutos.
Tiempo de cocción: 20 minutos.
Porciones: 4

Ingredientes:
- ½ cucharadita de nuez moscada molida
- 1 libra de espárragos, cortados y cortados por la mitad
- 1 taza de crema de coco
- 1 cebolla amarilla picada
- 2 cucharadas de aceite de oliva
- 1 cucharada de jugo de lima
- 1 cucharada de cilantro picado

Direcciones:
1. Calentar una sartén con el aceite a fuego medio, agregar la cebolla y la nuez moscada, remover y sofreír por 5 minutos.
2. Agrega los espárragos y los demás ingredientes, revuelve, lleva a fuego lento y cocina a fuego medio durante 15 minutos.
3. Dividir en platos y servir.

Nutrición: calorías 236, grasa 21.6, fibra 4.4, carbohidratos 11.4, proteína 4.2

Mezcla de nabos de albahaca

Tiempo de preparación: 10 minutos.
Tiempo de cocción: 15 minutos.
Porciones: 4

Ingredientes:
- 1 cucharada de aceite de aguacate
- 4 nabos en rodajas
- ¼ taza de albahaca picada
- Pimienta negra al gusto
- ¼ de taza de caldo de verduras bajo en sodio
- ½ taza de nueces picadas
- 2 dientes de ajo picados

Direcciones:
1. Calentar una sartén con el aceite a fuego medio-alto, agregar el ajo y los nabos y dorar por 5 minutos.
2. Agrega el resto de los ingredientes, mezcla, cocina por 10 minutos más, divide en platos y sirve.

Nutrición: calorías 140, grasa 9.7, fibra 3.3, carbohidratos 10.5, proteína 5

Mezcla de Arroz y Alcaparras

Tiempo de preparación: 10 minutos.
Tiempo de cocción: 20 minutos.
Porciones: 4

Ingredientes:
- 1 taza de arroz blanco
- 1 cucharada de alcaparras picadas
- 2 tazas de caldo de pollo bajo en sodio
- 1 cebolla morada picada
- 1 cucharada de aceite de aguacate
- 1 cucharada de cilantro picado
- 1 cucharadita de pimentón dulce

Direcciones:
1. Calienta una sartén con el aceite a fuego medio-alto, agrega la cebolla, revuelve y sofríe por 5 minutos.
2. Agregue el arroz, las alcaparras y los demás ingredientes, mezcle, cocine a fuego lento y cocine por 15 minutos.
3. Divida la mezcla entre platos y sirva como guarnición.

Nutrición: calorías 189, grasa 0.9, fibra 1.6, carbohidratos 40.2, proteína 4.3

Mezcla de espinacas y col rizada

Tiempo de preparación: 5 minutos.
Tiempo de cocción: 15 minutos.
Porciones: 4

Ingredientes:
- 2 tazas de espinacas tiernas
- 5 tazas de col rizada, desgarrada
- 2 chalotas picadas
- 2 dientes de ajo picados
- 1 taza de tomates enlatados, sin sal agregada, picados
- 1 cucharada de aceite de oliva

Direcciones:
1. Calentar una sartén con el aceite a fuego medio-alto, agregar las chalotas, remover y sofreír por 5 minutos.
2. Agrega la espinaca, la col rizada y los demás ingredientes, revuelve, cocina por 10 minutos más, divide en platos y sirve como guarnición.

Nutrición: calorías 89, grasa 3.7, fibra 2.2, carbohidratos 12.4, proteína 3.6

Avena con mantequilla de maní

Tiempo de preparación: 6 horas y 10 minutos

Tiempo de cocción: 0 minutos.
Porciones: 1

Ingredientes:
- 1 cucharada de semillas de chía
- ½ taza de leche de almendras
- 2 cucharadas de mantequilla de maní natural
- 1 cucharada de stevia
- ½ taza de avena sin gluten
- 2 cucharadas de frambuesas

Direcciones:
1. En un tarro de albañil, combine la avena con las semillas de chía y los demás ingredientes excepto las frambuesas, revuelva un poco, tape y guarde en el refrigerador por 6 horas.
2. Cubra con las frambuesas y sirva para el desayuno.

Nutrición: calorías 454, grasa 23.9, fibra 12, carbohidratos 50.9, proteína 14.6

Bollos con Nueces y Frutas

Tiempo de preparación: 10 minutos.
Tiempo de cocción: 12 minutos.
Porciones: 8

Ingredientes:
- 2 tazas de harina de almendras
- ½ cucharadita de bicarbonato de sodio
- ¼ taza de arándanos, secos
- ¼ de taza de semillas de girasol
- ¼ de taza de albaricoques picados
- ¼ de taza de nueces picadas
- ¼ taza de semillas de sésamo
- 2 cucharadas de stevia
- 1 huevo batido

Direcciones:
1. En un bol, combine la harina con el bicarbonato de sodio, los arándanos y los demás ingredientes y revuelva bien.
2. Forme una masa cuadrada, enrolle sobre una superficie de trabajo enharinada y córtela en 16 cuadrados.
3. Coloque los cuadrados en una bandeja para hornear forrada con papel pergamino y hornee los bollos a 350 grados F durante 12 minutos.
4. Sirve los bollos para el desayuno.

Nutrición: calorías 238, grasa 19.2, fibra 4.1, carbohidratos 8.6, proteína 8.8

Galletas de plátano

Tiempo de preparación: 10 minutos.
Tiempo de cocción: 15 minutos.
Porciones: 12

Ingredientes:
- 1 taza de mantequilla de almendras
- ¼ de taza de stevia
- 1 cucharadita de extracto de vainilla
- 2 plátanos, pelados y machacados
- 2 tazas de avena sin gluten
- 1 cucharadita de canela en polvo
- 1 taza de almendras picadas
- ½ taza de pasas

Direcciones:
1. En un bol, combine la mantequilla con la stevia y los demás ingredientes y revuelva bien con una batidora de mano.
2. Coloque moldes medianos de esta mezcla en una bandeja para hornear forrada con papel pergamino y aplánelos un poco.
3. Cocínelos a 325 grados F durante 15 minutos y sírvalos para el desayuno.

Nutrición: calorías 280, grasa 16, fibra 4, carbohidratos 29, proteína 8

Avena de manzana

Tiempo de preparación: 10 minutos.
Tiempo de cocción: 7 horas.
Porciones: 4

Ingredientes:
- 2 manzanas, sin corazón, peladas y en cubos
- 1 taza de avena sin gluten
- 1 taza y media de agua
- 1 y ½ tazas de leche de almendras
- 2 cucharadas de viraje
- 2 cucharadas de mantequilla de almendras
- ½ cucharadita de canela en polvo
- 1 cucharada de semillas de lino, molidas
- Spray para cocinar

Direcciones:
1. Engrase una olla de cocción lenta con el aceite en aerosol y combine la avena con el agua y los demás ingredientes del interior.
2. Mezcle un poco y cocine a fuego lento durante 7 horas.
3. Dividir en tazones y servir para el desayuno.

Nutrición: calorías 149, grasa 3.6, fibra 3.9, carbohidratos 27.3, proteína 4.9

Muffins de arándanos

Tiempo de preparación: 10 minutos.
Tiempo de cocción: 25 minutos.
Porciones: 12

Ingredientes:
- 2 plátanos, pelados y machacados
- 1 taza de leche de almendras
- 1 cucharadita de extracto de vainilla
- ¼ de taza de jarabe de arce puro
- 1 cucharadita de vinagre de sidra de manzana
- ¼ taza de aceite de coco derretido
- 2 tazas de harina de almendras
- 4 cucharadas de azúcar de coco
- 2 cucharaditas de canela en polvo
- 2 cucharaditas de polvo de hornear
- 2 tazas de arándanos
- ½ cucharadita de bicarbonato de sodio
- ½ taza de nueces picadas

Direcciones:
1. En un bol, combine los plátanos con la leche de almendras, la vainilla y los demás ingredientes y bata bien.
2. Divida la mezcla en 12 moldes para muffins y hornee a 350 grados F durante 25 minutos.
3. Sirve los muffins para el desayuno.

Nutrición: calorías 180, grasa 5, fibra 2, carbohidratos 31, proteína 4

Crepes de coco

Tiempo de preparación: 10 minutos.
Tiempo de cocción: 6 minutos.
Porciones: 12

Ingredientes:
- 1 taza de harina de almendras
- 1 cucharada de linaza molida
- 2 tazas de leche de coco
- 2 cucharadas de aceite de coco derretido
- 1 cucharadita de canela en polvo
- 2 cucharaditas de stevia

Direcciones:
1. En un bol, combina la harina con la linaza, la leche, la mitad del aceite, la canela y la stevia y bate bien.
2. Calentar una sartén con el resto del aceite a fuego medio, agregar ¼ de taza de rebozado de crepas, esparcir en la sartén, cocinar 2-3 minutos por cada lado y transferir a un plato.
3. Repite con el resto de la masa de crepes y sírvelas en el desayuno.

Nutrición: calorías 71, grasa 3, fibra 1, carbohidratos 8, proteína 1

panqueques de arándanos

Tiempo de preparación: 10 minutos.
Tiempo de cocción: 7 minutos.
Porciones: 12

Ingredientes:
- 2 huevos batidos
- 4 cucharadas de leche de almendras
- 1 taza de yogur descremado
- 3 cucharadas de mantequilla de coco derretida
- ½ cucharadita de extracto de vainilla
- 1 y ½ tazas de harina de almendras
- 2 cucharadas de stevia
- 1 taza de arándanos
- 1 cucharada de aceite de aguacate

Direcciones:
1. En un bol, combine los huevos con la leche de almendras y los demás ingredientes excepto el aceite y bata bien.
2. Calentar una sartén con el aceite a fuego medio, agregar ¼ de taza de la masa, esparcir en la sartén, cocinar por 4 minutos, voltear, cocinar por 3 minutos más y transferir a un plato.
3. Repite con el resto de la masa y sirve los panqueques en el desayuno.

Nutrición: calorías 64, grasa 4.4, fibra 1.1, carbohidratos 4.7, proteína 1.8

Parfait de calabaza

Tiempo de preparación: 10 minutos.
Tiempo de cocción: 0 minutos.
Porciones: 4

Ingredientes:
- ¼ de taza de anacardos
- ½ taza de agua
- 2 cucharaditas de especias para pastel de calabaza
- 2 tazas de puré de calabaza
- 2 cucharadas de sirope de arce
- 1 pera, sin corazón, pelada y picada
- 2 tazas de yogur de coco

Direcciones:
1. En una licuadora, combine los anacardos con el agua y los demás ingredientes excepto el yogur y presione bien.
2. Divida el yogur en tazones, también divida la crema de calabaza por encima y sirva.

Nutrición: calorías 200, grasa 6.4, fibra 5.1, carbohidratos 32.9, proteína 5.5

waffles de patata dulce

Tiempo de preparación: 10 minutos.
Tiempo de cocción: 10 minutos.
Porciones: 6

Ingredientes:
- ½ taza de camote, cocido, pelado y rallado
- 1 taza de leche de almendras
- 1 taza de avena sin gluten
- 2 huevos batidos
- 1 cucharada de miel
- ¼ de cucharadita de levadura en polvo
- 1 cucharada de aceite de oliva
- Spray para cocinar

Direcciones:
1. En un bol, combine la batata con la leche de almendras y el resto de los ingredientes excepto el aceite en aerosol y bata bien.
2. Engrase la plancha para gofres con el aceite en aerosol y vierta 1/3 de la masa en cada molde.
3. Cocina los waffles durante 3-4 minutos y sírvelos en el desayuno.

Nutrición: calorías 352, grasa 22.4, fibra 6.7, carbohidratos 33.4, proteína 8.4

Tostada francesa

Tiempo de preparación: 10 minutos.
Tiempo de cocción: 5 minutos.
Porciones: 2

Ingredientes:
- 4 rebanadas de pan integral
- 2 cucharadas de azúcar de coco
- ½ taza de leche de coco
- 2 huevos batidos
- 1 cucharadita de extracto de vainilla
- Spray para cocinar

Direcciones:
1. En un bol, combine el azúcar con la leche, los huevos y la vainilla y bata bien.
2. Sumerja cada rebanada de pan en esta mezcla.
3. Calentar una sartén untada con aceite en aerosol a fuego medio, agregar las tostadas francesas, cocinar 2-3 minutos por cada lado, dividir en platos y servir para el desayuno.

Nutrición: calorías 508, grasa 30.8, fibra 7.1, carbohidratos 55.1, proteína 16.2

Avena de cacao

Tiempo de preparación: 10 minutos.
Tiempo de cocción: 20 minutos.
Porciones: 4

Ingredientes:
- 2 tazas de leche de almendras
- 1 taza de avena a la antigua
- 2 cucharadas de azúcar de coco
- 1 cucharadita de cacao en polvo
- 2 cucharaditas de extracto de vainilla

Direcciones:
1. Calentar una olla con la leche a fuego medio, agregar la avena y los demás ingredientes, llevar a fuego lento y cocinar por 20 minutos.
2. Divida la avena en tazones y sírvala caliente para el desayuno.

Nutrición: calorías 406, grasa 30, fibra 4.8, carbohidratos 30.2, proteína 6

Avena con Mango

Tiempo de preparación: 10 minutos.
Tiempo de cocción: 20 minutos.
Porciones: 4

Ingredientes:
- 2 tazas de leche de coco
- 1 taza de avena a la antigua
- 1 taza de mango, pelado y cortado en cubos
- 3 cucharadas de mantequilla de almendras
- 2 cucharadas de azúcar de coco
- ½ cucharadita de extracto de vainilla

Direcciones:
1. Ponga la leche en una olla, caliéntela a fuego medio, agregue la avena y los demás ingredientes, revuelva, lleve a fuego lento y cocine por 20 minutos.
2. Remueve la avena, divídela en tazones y sírvela.

Nutrición: calorías 531, grasa 41.8, fibra 7.5, carbohidratos 42.7, proteína 9.3

Avena Cerezas y Peras

Tiempo de preparación: 10 minutos.
Tiempo de cocción: 10 minutos.
Porciones: 6

Ingredientes:
- 2 tazas de avena a la antigua
- 3 tazas de leche de almendras
- 2 y ½ cucharadas de cacao en polvo
- 1 cucharadita de extracto de vainilla
- 10 onzas de cerezas, sin hueso
- 2 peras, sin corazón, peladas y en cubos

Direcciones:
1. En su olla a presión, combine la avena con la leche y los demás ingredientes, mezcle, cubra y cocine a temperatura alta durante 10 minutos.
2. Suelta la presión de forma natural durante 10 minutos, remueve la avena una vez más, divídela en tazones y sírvela.

Nutrición: calorías 477, grasa 30.7, fibra 8.3, carbohidratos 49.6, proteína 7

Cuencos de nueces y naranja

Tiempo de preparación: 10 minutos.
Tiempo de cocción: 20 minutos.
Porciones: 4

Ingredientes:
- 1 taza de avena cortada en acero
- 2 tazas de jugo de naranja
- 2 cucharadas de mantequilla de coco derretida
- 2 cucharadas de stevia
- 3 cucharadas de nueces pecanas picadas
- ¼ de cucharadita de extracto de vainilla

Direcciones:
1. Calentar una olla con el jugo de naranja a fuego medio, agregar la avena, la mantequilla y los demás ingredientes, batir, cocinar a fuego lento durante 20 minutos, dividir en tazones y servir para el desayuno.

Nutrición: calorías 288, grasa 39.1, fibra 3.4, carbohidratos 48.3, proteína 4.7

Duraznos horneados y crema

Tiempo de preparación: 10 minutos.
Tiempo de cocción: 20 minutos.
Porciones: 4

Ingredientes:
- 2 tazas de crema de coco
- 1 cucharadita de canela en polvo
- 1/3 taza de azúcar de palma
- 4 melocotones, sin hueso y cortados en gajos
- Spray para cocinar

Direcciones:
1. Engrase una bandeja para hornear con aceite en aerosol y combine los duraznos con los demás ingredientes del interior.
2. Hornee esto a 360 grados F durante 20 minutos, divídalo en tazones y sirva para el desayuno.

Nutrición: calorías 338, grasa 29.2, fibra 4.9, carbohidratos 21, proteína 4.2

Manzanas y tazones de yogur

Tiempo de preparación: 10 minutos.
Tiempo de cocción: 15 minutos.
Porciones: 4

Ingredientes:
- 1 taza de avena cortada en acero
- 1 y ½ tazas de leche de almendras
- 1 taza de yogur descremado
- ¼ de taza de sirope de arce
- 2 manzanas, sin corazón, peladas y picadas
- ½ cucharadita de canela en polvo

Direcciones:
1. En una olla, combine la avena con la harina y los demás ingredientes excepto el yogur, mezcle, lleve a fuego lento y cocine a fuego medio-alto durante 15 minutos.
2. Divida el yogur en tazones, divida la mezcla de manzanas y avena por encima y sirva para el desayuno.

Nutrición: calorías 490, grasa 30.2, fibra 7.4, carbohidratos 53.9, proteína 7

Avena con Mango y Granada

Tiempo de preparación: 10 minutos.
Tiempo de cocción: 20 minutos.
Porciones: 4

Ingredientes:
- 3 tazas de leche de almendras
- 1 taza de avena cortada en acero
- 1 cucharada de canela en polvo
- 1 mango, pelado y cortado en cubos
- ½ cucharadita de extracto de vainilla
- 3 cucharadas de semillas de granada

Direcciones:
1. Pon la leche en una olla y caliéntala a fuego medio.
2. Agregue la avena, la canela y los demás ingredientes, mezcle, cocine a fuego lento durante 20 minutos, divida en tazones y sirva para el desayuno.

Nutrición: calorías 568, grasa 44.6, fibra 7.5, carbohidratos 42.5, proteína 7.8

Tazones de semillas de chía y granada

Tiempo de preparación: 10 minutos.
Tiempo de cocción: 20 minutos.
Porciones: 4

Ingredientes:
- ½ taza de avena cortada en acero
- 2 tazas de leche de almendras
- ¼ de taza de semillas de granada
- 4 cucharadas de semillas de chía
- 1 cucharadita de extracto de vainilla

Direcciones:
1. Ponga la leche en una olla, lleve a fuego lento a fuego medio, agregue la avena y los demás ingredientes, lleve a fuego lento y cocine por 20 minutos.
2. Divida la mezcla en tazones y sirva para el desayuno.

Nutrición: calorías 462, grasa 38, fibra 13.5, carbohidratos 27.1, proteína 8.8

Picadillo De Huevo Y Zanahorias

Tiempo de preparación: 10 minutos.
Tiempo de cocción: 20 minutos.
Porciones: 4

Ingredientes:
- 2 zanahorias, peladas y en cubos
- 1 cucharada de aceite de oliva
- 1 cebolla amarilla picada
- 1 taza de queso cheddar bajo en grasa, rallado
- 8 huevos, batidos
- 1 taza de leche de coco
- Una pizca de sal y pimienta negra.

Direcciones:
1. Calienta una sartén con el aceite a fuego medio, agrega la cebolla y las zanahorias, revuelve y dora por 5 minutos.
2. Agregue los huevos y los demás ingredientes, mezcle, cocine durante 15 minutos revolviendo con frecuencia, divida en platos y sirva.

Nutrición: calorías 431, grasa 35.9, fibra 2.7, carbohidratos 10, proteína 20

Tortilla de pimientos morrones

Tiempo de preparación: 10 minutos.
Tiempo de cocción: 15 minutos.
Porciones: 4

Ingredientes:
- 4 huevos batidos
- Una pizca de pimienta negra
- ¼ taza de tocino bajo en sodio, picado
- 1 cucharada de aceite de oliva
- 1 taza de pimientos rojos picados
- 4 cebolletas picadas
- ¾ taza de queso bajo en grasa, rallado

Direcciones:
1. Calienta una sartén con el aceite a fuego medio, agrega las cebolletas y los pimientos morrones, revuelve y cocina por 5 minutos.
2. Agregue los huevos y los demás ingredientes, mezcle, extienda en la sartén, cocine por 5 minutos, voltee, cocine por otros 5 minutos, divida en platos y sirva.

Nutrición: calorías 288, grasa 18, fibra 0.8, carbohidratos 4, proteína 13.4

Frittata de perejil

Tiempo de preparación: 10 minutos.
Tiempo de cocción: 20 minutos.
Porciones: 4

Ingredientes:
- Una pizca de pimienta negra
- 4 huevos batidos
- 2 cucharadas de perejil picado
- 1 cucharada de queso bajo en grasa, rallado
- 1 cebolla morada picada
- 1 cucharada de aceite de oliva

Direcciones:
1. Calentar una sartén con el aceite a fuego medio, agregar la cebolla y la pimienta negra, remover y sofreír por 5 minutos.
2. Agrega los huevos mezclados con los demás ingredientes, esparce en la sartén, introduce en el horno y cocina a 360 grados F durante 15 minutos.
3. Divida la frittata entre platos y sirva.

Nutrición: calorías 112, grasa 8.5, fibra 0.7, carbohidratos 3.1, proteína 6.3

Huevos Horneados y Alcachofas

Tiempo de preparación: 5 minutos.
Tiempo de cocción: 20 minutos.
Porciones: 4

Ingredientes:
- 4 huevos
- 4 rebanadas de queso cheddar bajo en grasa, rallado
- 1 cebolla amarilla picada
- 1 cucharada de aceite de aguacate
- 1 cucharada de cilantro picado
- 1 taza de alcachofas enlatadas sin sal agregada, escurridas y picadas

Direcciones:
1. Engrasar 4 moldes con el aceite, dividir la cebolla en cada uno, romper un huevo en cada molde, agregar las alcachofas y cubrir con cilantro y queso cheddar.
2. Introduzca los moldes en el horno y hornee a 380 grados F durante 20 minutos.
3. Sirve los huevos horneados para el desayuno.

Nutrición: calorías 178, grasa 10.9, fibra 2.9, carbohidratos 8.4, proteína 14.2

Cazuela De Frijoles Y Huevos

Tiempo de preparación: 10 minutos.
Tiempo de cocción: 30 minutos.
Porciones: 8

Ingredientes:
- 8 huevos, batidos
- 2 cebollas rojas picadas
- 1 pimiento rojo picado
- 4 onzas de frijoles negros enlatados, sin sal agregada, escurridos y enjuagados
- ½ taza de cebollas verdes, picadas
- 1 taza de queso mozzarella bajo en grasa, rallado
- Spray para cocinar

Direcciones:
1. Engrase un molde para hornear con aceite en aerosol y esparza los frijoles negros, las cebollas, las cebolletas y el pimiento morrón en el molde.
2. Agrega los huevos mezclados con el queso, introduce en el horno y hornea a 380 grados F por 30 minutos.
3. Repartir la mezcla en platos y servir para el desayuno.

Nutrición: calorías 140, grasa 4.7, fibra 3.4, carbohidratos 13.6, proteína 11.2

Revuelto de queso con cúrcuma

Tiempo de preparación: 10 minutos.
Tiempo de cocción: 15 minutos.
Porciones: 4

Ingredientes:
- 3 cucharadas de mozzarella descremada, rallada
- Una pizca de pimienta negra
- 4 huevos batidos
- 1 pimiento rojo picado
- 1 cucharadita de cúrcuma en polvo
- 1 cucharada de aceite de oliva
- 2 chalotas picadas

Direcciones:
1. Calentar una sartén con el aceite a fuego medio, agregar las chalotas y el pimiento morrón, remover y sofreír por 5 minutos.
2. Agrega los huevos mezclados con el resto de los ingredientes, revuelve, cocina por 10 minutos, divide todo entre platos y sirve.

Nutrición: calorías 138, grasa 8, fibra 1.3, carbohidratos 4.6, proteína 12

Hash Browns y verduras

Tiempo de preparación: 10 minutos.
Tiempo de cocción: 20 minutos.
Porciones: 4

Ingredientes:
- 1 cucharada de aceite de oliva
- 4 huevos batidos
- 1 taza de croquetas de patata
- ½ taza de queso cheddar descremado, rallado
- 1 cebolla amarilla pequeña, picada
- Una pizca de pimienta negra
- ½ pimiento verde picado
- ½ pimiento rojo picado
- 1 zanahoria picada
- 1 cucharada de cilantro picado

Direcciones:
1. Calentar una sartén con el aceite a fuego medio-alto, agregar la cebolla y las croquetas y cocinar por 5 minutos.
2. Agrega los pimientos morrones y las zanahorias, revuelve y cocina por 5 minutos más.
3. Agrega los huevos, la pimienta negra y el queso, revuelve y cocina por otros 10 minutos.
4. Agrega el cilantro, revuelve, cocina un par de segundos más, divide todo en platos y sirve para el desayuno.

Nutrición: calorías 277, grasa 17.5, fibra 2.7, carbohidratos 19.9, proteína 11

Risotto de cebollino y tocino

Tiempo de preparación: 10 minutos.
Tiempo de cocción: 25 minutos.
Porciones: 4

Ingredientes:
- 3 rebanadas de tocino, bajo en sodio, picadas
- 1 cucharada de aceite de aguacate
- 1 taza de arroz blanco
- 1 cebolla morada picada
- 2 tazas de caldo de pollo bajo en sodio
- 2 cucharadas de parmesano bajo en grasa rallado
- 1 cucharada de cebollino picado
- Una pizca de pimienta negra

Direcciones:
1. Calentar una sartén con el aceite a fuego medio-alto, agregar la cebolla y el tocino, remover y cocinar por 5 minutos.
2. Agregue el arroz y los demás ingredientes, mezcle, cocine a fuego lento y cocine a fuego medio durante 20 minutos.
3. Revuelva la mezcla, divida en tazones y sirva para el desayuno.

Nutrición: calorías 271, grasa 7.2, fibra 1.4, carbohidratos 40, proteína 9.9

Quinua con canela, pistacho

Tiempo de preparación: 5 minutos.
Tiempo de cocción: 10 minutos.
Porciones: 4

Ingredientes:
- 1 taza y media de agua
- 1 cucharadita de canela en polvo
- 1 y ½ tazas de quinua
- 1 taza de leche de almendras
- 1 cucharada de azúcar de coco
- ¼ taza de pistachos picados

Direcciones:
1. Poner el agua y la leche de almendras en una olla, llevar a ebullición a fuego medio, agregar la quinoa y los demás ingredientes, batir, cocinar por 10 minutos, repartir en tazones, enfriar y servir para el desayuno.

Nutrición: calorías 222, grasa 16.7, fibra 2.5, carbohidratos 16.3, proteína 3.9

Mezcla de yogur de cerezas

Tiempo de preparación: 10 minutos.
Tiempo de cocción: 0 minutos.
Porciones: 4

Ingredientes:
- 4 tazas de yogur descremado
- 1 taza de cerezas, sin hueso y cortadas por la mitad
- 4 cucharadas de azúcar de coco
- ½ cucharadita de extracto de vainilla

Direcciones:
1. En un bol, combine el yogur con las cerezas, el azúcar y la vainilla, mezcle y guarde en el refrigerador por 10 minutos.
2. Dividir en tazones y servir el desayuno.

Nutrición: calorías 145, grasa 0, fibra 0.1, carbohidratos 29, proteína 2.3

Mezcla de ciruelas y coco

Tiempo de preparación: 10 minutos.
Tiempo de cocción: 15 minutos.
Porciones: 4

Ingredientes:
- 4 ciruelas, sin hueso y cortadas por la mitad
- 3 cucharadas de aceite de coco derretido
- ½ cucharadita de canela en polvo
- 1 taza de crema de coco
- ¼ de taza de coco sin azúcar, rallado
- 2 cucharadas de pipas de girasol tostadas

Direcciones:
1. En una fuente para horno, combine las ciruelas con el aceite, la canela y los demás ingredientes, introduzca en el horno y hornee a 380 grados F por 15 minutos.
2. Divida todo en tazones y sirva.

Nutrición: calorías 282, grasa 27.1, fibra 2.8, carbohidratos 12.4, proteína 2.3

Yogur de Manzanas

Tiempo de preparación: 10 minutos.
Tiempo de cocción: 0 minutos.
Porciones: 4

Ingredientes:
- 6 manzanas, sin corazón y en puré
- 1 taza de jugo de manzana natural
- 2 cucharadas de azúcar de coco
- 2 tazas de yogur descremado
- 1 cucharadita de canela en polvo

Direcciones:
1. En un bol, combine las manzanas con el zumo de manzana y los demás ingredientes, revuelva, divida en bol y guarde en el frigorífico durante 10 minutos antes de servir.

Nutrición: calorías 289, grasa 0.6, fibra 8.7, carbohidratos 68.5, proteína 3.9

Tazones de Fresa y Avena

Tiempo de preparación: 10 minutos.
Tiempo de cocción: 20 minutos.
Porciones: 4

Ingredientes:
- 1 y ½ tazas de avena sin gluten
- 2 y ¼ tazas de leche de almendras
- ½ cucharadita de extracto de vainilla
- 2 tazas de fresas en rodajas
- 2 cucharadas de azúcar de coco

Direcciones:
1. Poner la leche en una olla, llevar a fuego lento a fuego medio, agregar la avena y los demás ingredientes, remover, cocinar por 20 minutos, dividir en tazones y servir para el desayuno.

Nutrición: calorías 216, grasa 1.5, fibra 3.4, carbohidratos 39.5, proteína 10.4

Mezcla de arce y melocotón

Tiempo de preparación: 10 minutos.
Tiempo de cocción: 15 minutos.
Porciones: 4

Ingredientes:
- 4 melocotones, sin corazón y cortados en gajos
- ¼ de taza de sirope de arce
- ¼ de cucharadita de extracto de almendras
- ½ taza de leche de almendras

Direcciones:
1. Poner la leche de almendras en una olla, llevar a fuego lento a fuego medio, agregar los duraznos y los demás ingredientes, mezclar, cocinar por 15 minutos, dividir en tazones y servir para el desayuno.

Nutrición: calorías 180, grasa 7.6, fibra 3, carbohidratos 28.9, proteína 2.1

Arroz con canela y dátiles

Tiempo de preparación: 10 minutos.
Tiempo de cocción: 20 minutos.
Porciones: 4

Ingredientes:
- 1 taza de arroz blanco
- 2 tazas de leche de almendras
- 4 dátiles picados
- 2 cucharadas de canela en polvo
- 2 cucharadas de azúcar de coco

Direcciones:
1. En una olla, combine el arroz con la leche y los demás ingredientes, lleve a fuego lento y cocine a fuego medio durante 20 minutos.
2. Revuelva la mezcla nuevamente, divida en tazones y sirva para el desayuno.

Nutrición: calorías 516, grasa 29, fibra 3.9, carbohidratos 59.4, proteína 6.8

Yogur de higos, pera y granada

Tiempo de preparación: 10 minutos.
Tiempo de cocción: 0 minutos.
Porciones: 4

Ingredientes:
- 1 taza de higos, cortados por la mitad
- 1 pera, sin corazón y en cubos
- ½ taza de semillas de granada
- ½ taza de azúcar de coco
- 2 tazas de yogur descremado

Direcciones:
1. En un bol, combine los higos con el yogur y los demás ingredientes, mezcle, divida en tazones y sirva para el desayuno.

Nutrición: calorías 223, grasa 0.5, fibra 6.1, carbohidratos 52, proteína 4.5

Gachas De Nuez Moscada Y Fresas

Tiempo de preparación: 10 minutos.
Tiempo de cocción: 20 minutos.
Porciones: 4

Ingredientes:
- 4 tazas de leche de coco
- 1 taza de harina de maíz
- 1 cucharadita de extracto de vainilla
- 1 taza de fresas, cortadas por la mitad
- ½ cucharadita de nuez moscada molida

Direcciones:
1. Ponga la leche en una olla, lleve a fuego lento a fuego medio, agregue la harina de maíz y los demás ingredientes, mezcle, cocine por 20 minutos y retire del fuego.
2. Repartir la papilla entre platos y servir para el desayuno.

Nutrición: calorías 678, grasa 58.5, fibra 8.3, carbohidratos 39.8, proteína 8.2

Arroz Cremoso y Bayas

Tiempo de preparación: 10 minutos.
Tiempo de cocción: 20 minutos.
Porciones: 4

Ingredientes:
- 1 taza de arroz integral
- 2 tazas de leche de coco
- 1 cucharada de canela en polvo
- 1 taza de moras
- ½ taza de crema de coco sin azúcar

Direcciones:
1. Poner la leche en una olla, llevar a fuego lento a fuego medio, agregar el arroz y los demás ingredientes, cocinar por 20 minutos y dividir en tazones.
2. Sirva caliente para el desayuno.

Nutrición: calorías 469, grasa 30.1, fibra 6.5, carbohidratos 47.4, proteína 7

Arroz con vainilla y coco

Tiempo de preparación: 10 minutos.
Tiempo de cocción: 20 minutos.
Porciones: 6

Ingredientes:
- 2 tazas de leche de coco
- 1 taza de arroz basmati
- 2 cucharadas de azúcar de coco
- ¾ taza de crema de coco
- 1 cucharadita de extracto de vainilla

Direcciones:
1. En una olla, combine la leche con el arroz y los demás ingredientes, revuelva, lleve a fuego lento y cocine a fuego medio durante 20 minutos.
2. Revuelva la mezcla nuevamente, divida en tazones y sirva para el desayuno.

Nutrición: calorías 462, grasa 25,3, fibra 2,2, carbohidratos 55,2, proteína 4,8

Arroz de coco y cerezas

Tiempo de preparación: 10 minutos.
Tiempo de cocción: 25 minutos.
Porciones: 4

Ingredientes:
- 1 cucharada de coco rallado
- 2 cucharadas de azúcar de coco
- 1 taza de arroz blanco
- 2 tazas de leche de coco
- ½ cucharadita de extracto de vainilla
- ¼ de taza de cerezas, sin hueso y cortadas por la mitad
- Spray para cocinar

Direcciones:
1. Ponga la leche en una olla, agregue el azúcar y el coco, revuelva y lleve a fuego lento a fuego medio.
2. Agregue el arroz y los demás ingredientes, cocine a fuego lento durante 25 minutos revolviendo con frecuencia, divida en tazones y sirva.

Nutrición: calorías 505, grasa 29.5, fibra 3.4, carbohidratos 55.7, proteína 6.6

Mezcla de arroz con jengibre

Tiempo de preparación: 10 minutos.
Tiempo de cocción: 25 minutos.
Porciones: 4

Ingredientes:
- 1 taza de arroz blanco
- 2 tazas de leche de almendras
- 1 cucharada de jengibre rallado
- 3 cucharadas de azúcar de coco
- 1 cucharadita de canela en polvo

Direcciones:
1. Poner la leche en una olla, llevar a fuego lento a fuego medio, agregar el arroz y los demás ingredientes, remover, cocinar por 25 minutos, dividir en tazones y servir.

Nutrición: calorías 449, grasa 29, fibra 3.4, carbohidratos 44.6, proteína 6.2

Cazuela De Chili Salchicha

Tiempo de preparación: 10 minutos.
Tiempo de cocción: 35 minutos.
Porciones: 4

Ingredientes:
- 1 libra de croquetas de patata
- 4 huevos batidos
- 1 cebolla morada picada
- 1 ají picado
- 1 cucharada de aceite de oliva
- 6 onzas de salchicha baja en sodio, picada
- ¼ de cucharadita de chile en polvo
- Una pizca de pimienta negra

Direcciones:
1. Calentar una sartén con el aceite a fuego medio, agregar la cebolla y el chorizo, remover y dorar por 5 minutos.
2. Agregue las croquetas de patata y los demás ingredientes excepto los huevos y la pimienta, revuelva y cocine por 5 minutos más.
3. Vierta los huevos mezclados con la pimienta negra sobre la mezcla de salchicha, introduzca la sartén en el horno y hornee a 370 grados F durante 25 minutos.
4. Dividir la mezcla en platos y servir para el desayuno.

Nutrición: calorías 527, grasa 31,3, fibra 3,8, carbohidratos 51,2, proteína 13,3

Cuencos de arroz con champiñones

Tiempo de preparación: 10 minutos.
Tiempo de cocción: 30 minutos.
Porciones: 4

Ingredientes:
- 1 cebolla morada picada
- 1 taza de arroz blanco
- 2 dientes de ajo picados
- 2 cucharadas de aceite de oliva
- 2 tazas de caldo de pollo bajo en sodio
- 1 cucharada de cilantro picado
- ½ taza de queso cheddar sin grasa, rallado
- ½ libra de champiñones blancos, en rodajas
- Pimienta al gusto

Direcciones:
1. Calienta una sartén con el aceite a fuego medio, agrega la cebolla, el ajo y los champiñones, revuelve y cocina por 5-6 minutos.
2. Agregue el arroz y el resto de los ingredientes, lleve a fuego lento y cocine a fuego medio durante 25 minutos revolviendo con frecuencia.
3. Divida la mezcla de arroz en tazones y sírvala para el desayuno.

Nutrición: calorías 314, grasa 12.2, fibra 1.8, carbohidratos 42.1, proteína 9.5

Huevos de Tomate y Espinacas

Tiempo de preparación: 10 minutos.
Tiempo de cocción: 20 minutos.
Porciones: 4

Ingredientes:
- ½ taza de leche descremada
- Pimienta negra al gusto
- 8 huevos, batidos
- 1 taza de espinacas tiernas, picadas
- 1 cebolla amarilla picada
- 1 cucharada de aceite de oliva
- 1 taza de tomates cherry, en cubos
- ¼ de taza de queso cheddar sin grasa, rallado

Direcciones:
1. Calienta una sartén con el aceite a fuego medio, agrega la cebolla, revuelve y cocina por 2-3 minutos.
2. Agregue las espinacas y los tomates, revuelva y cocine por 2 minutos más.
3. Agregue los huevos mezclados con la leche y la pimienta negra y mezcle suavemente.
4. Espolvoree el queso cheddar por encima, introduzca la sartén en el horno y cocine a 390 grados F durante 15 minutos.
5. Dividir en platos y servir.

Nutrición: calorías 195, grasa 13, fibra 1.3, carbohidratos 6.8, proteína 13.7

Tortilla de sésamo

Tiempo de preparación: 5 minutos.
Tiempo de cocción: 15 minutos.
Porciones: 4

Ingredientes:
- 4 huevos batidos
- Una pizca de pimienta negra
- 1 cucharada de aceite de oliva
- 1 cucharadita de ajonjolí
- 2 cebolletas picadas
- 1 cucharadita de pimentón dulce
- 1 cucharada de cilantro picado

Direcciones:
1. Calienta una sartén con el aceite a fuego medio, agrega las cebolletas, revuelve y sofríe por 2 minutos.
2. Agrega los huevos mezclados con los demás ingredientes, revuelve un poco, esparce la tortilla en la sartén y cocina por 7 minutos.
3. Voltee, cocine la tortilla por 6 minutos más, divida en platos y sirva.

Nutrición: calorías 101, grasa 8.3, fibra 0.5, carbohidratos 1.4, proteína 5.9

Avena Calabacín

Tiempo de preparación: 5 minutos.
Tiempo de cocción: 20 minutos.
Porciones: 4

Ingredientes:
- 1 taza de avena cortada en acero
- 3 tazas de leche de almendras
- 1 cucharada de mantequilla descremada
- 2 cucharaditas de canela en polvo
- 1 cucharadita de especias para pastel de calabaza
- 1 taza de calabacines rallados

Direcciones:
1. Calentar una cacerola con la leche a fuego medio, agregar la avena y los demás ingredientes, remover, llevar a fuego lento y cocinar por 20 minutos, removiendo de vez en cuando.
2. Divida la avena en tazones y sírvala para el desayuno.

Nutrición: calorías 508, grasa 44.5, fibra 6.7, carbohidratos 27.2, proteína 7.5

Bol de Almendras y Coco

Tiempo de preparación: 5 minutos.
Tiempo de cocción: 20 minutos.
Porciones: 4

Ingredientes:
- 2 tazas de leche de coco
- 1 taza de coco rallado
- ½ taza de sirope de arce
- 1 taza de pasas
- 1 taza de almendras
- ½ cucharadita de extracto de vainilla

Direcciones:
1. Poner la leche en una olla, llevar a fuego lento a fuego medio, agregar el coco y los demás ingredientes y cocinar por 20 minutos, revolviendo de vez en cuando.
2. Divida la mezcla en tazones y sírvala tibia para el desayuno.

Nutrición: calorías 697, grasa 47.4, fibra 8.8, carbohidratos 70, proteína 9.6

Ensalada tibia de garbanzos

Tiempo de preparación: 5 minutos.
Tiempo de cocción: 15 minutos.
Porciones: 4

Ingredientes:
- 2 dientes de ajo picados
- 2 tomates, cortados en cubos
- 1 pepino, cortado en cubos
- 2 chalotas picadas
- 2 tazas de garbanzos enlatados, sin sal agregada, escurridos
- 1 cucharada de perejil picado
- 1/3 taza de menta picada
- 1 aguacate, sin hueso, pelado y cortado en cubitos
- 2 cucharadas de aceite de oliva
- Zumo de 1 lima
- Pimienta negra al gusto

Direcciones:
1. Calentar una sartén con el aceite a fuego medio, agregar el ajo y las chalotas, remover y cocinar por 2 minutos.
2. Agrega los garbanzos y los demás ingredientes, revuelve, cocina por 13 minutos más, divide en tazones y sirve para el desayuno.

Nutrición: calorías 561, grasa 23.1, fibra 22.4, carbohidratos 73.1, proteína 21.8

Budín de cacao y mijo

Tiempo de preparación: 10 minutos.
Tiempo de cocción: 30 minutos.
Porciones: 4

Ingredientes:
- 14 onzas de leche de coco
- 1 taza de mijo
- 1 cucharada de cacao en polvo
- ½ cucharadita de extracto de vainilla

Direcciones:
1. Ponga la leche en una olla, cocine a fuego lento a fuego medio, agregue el mijo y los demás ingredientes y cocine por 30 minutos revolviendo con frecuencia.
2. Dividir en tazones y servir para el desayuno.

Nutrición: calorías 422, grasa 25.9, fibra 6.8, carbohidratos 42.7, proteína 8

Pudín de chía

Tiempo de preparación: 15 minutos.
Tiempo de cocción: 0 minutos.
Porciones: 4

Ingredientes:
- 2 tazas de leche de almendras
- ½ taza de semillas de chía
- 2 cucharadas de azúcar de coco
- Ralladura de ½ limón rallada
- 1 cucharadita de extracto de vainilla
- ½ cucharadita de jengibre en polvo

Direcciones:
1. En un bol, combine las semillas de chía con la leche y los demás ingredientes, mezcle y deje reposar por 15 minutos antes de servir.

Nutrición: calorías 366, grasa 30,8, fibra 5,5, carbohidratos 20,8, proteína 4,6

Pudín de tapioca

Tiempo de preparación: 2 horas.
Tiempo de cocción: 0 minutos.
Porciones: 4

Ingredientes:
- ½ taza de perlas de tapioca
- 2 tazas de leche de coco caliente
- 4 cucharaditas de azúcar de coco
- ½ cucharadita de canela en polvo

Direcciones:
1. En un bol, combine la tapioca con la leche caliente y los demás ingredientes, revuelva y deje reposar por 2 horas antes de servir.
2. Dividir en tazones pequeños y servir para el desayuno.

Nutrición: calorías 439, grasa 28.6, fibra 2.8, carbohidratos 42.5, proteína 3.8

Hash de Cheddar

Tiempo de preparación: 10 minutos.
Tiempo de cocción: 25 minutos.
Porciones: 4

Ingredientes:
- 1 libra de croquetas de patata
- 1 cucharada de aceite de aguacate
- 1/3 taza de crema de coco
- 1 cebolla amarilla picada
- 1 taza de queso cheddar sin grasa, rallado
- Pimienta negra al gusto
- 4 huevos batidos

Direcciones:
1. Calentar una sartén con el aceite a fuego medio, agregar las croquetas de patata y la cebolla, remover y sofreír por 5 minutos.
2. Agrega el resto de los ingredientes excepto el queso, revuelve y cocina por 5 minutos más.
3. Espolvoree el queso por encima, introduzca la sartén en el horno y cocine a 390 grados F durante 15 minutos.
4. Repartir la mezcla en platos y servir para el desayuno.

Nutrición: calorías 539, grasa 33.2, fibra 4.8, carbohidratos 44.4, proteína 16.8

Ensalada De Guisantes

Tiempo de preparación: 10 minutos.
Tiempo de cocción: 20 minutos.
Porciones: 4

Ingredientes:
- 3 dientes de ajo picados
- 1 cebolla amarilla picada
- 1 cucharada de aceite de oliva
- 1 zanahoria picada
- 1 cucharada de vinagre balsámico
- 2 tazas de guisantes, cortados por la mitad
- ½ taza de caldo de verduras, sin sal agregada
- 2 cucharadas de cebolletas picadas
- 1 cucharada de cilantro picado

Direcciones:
1. Calienta una sartén con el aceite a fuego medio, agrega la cebolla y el ajo, revuelve y cocina por 5 minutos.
2. Agregue los guisantes y los demás ingredientes, mezcle y cocine a fuego medio durante 15 minutos.
3. Divida la mezcla en tazones y sírvala tibia para el desayuno.

Nutrición: calorías 89, grasa 4.2, fibra 3.3, carbohidratos 11.2, proteína 3.3

Mezcla de quinua y garbanzos

Tiempo de preparación: 10 minutos.
Tiempo de cocción: 20 minutos.
Porciones: 6

Ingredientes:
- 1 cebolla morada picada
- 1 cucharada de aceite de oliva
- 15 onzas de garbanzos enlatados, sin sal agregada y escurridos
- 14 onzas de leche de coco
- ¼ de taza de quinua
- 1 cucharada de jengibre rallado
- 2 dientes de ajo picados
- 1 cucharada de cúrcuma en polvo
- 1 cucharada de cilantro picado

Direcciones:
1. Calienta una sartén con el aceite a fuego medio, agrega la cebolla, revuelve y sofríe por 5 minutos.
2. Agrega los garbanzos, la quinoa y los demás ingredientes, revuelve, deja hervir a fuego lento y cocina por 15 minutos.
3. Divida la mezcla en tazones y sirva para el desayuno.

Nutrición: calorías 472, grasa 23, fibra 15.1, carbohidratos 54.6, proteína 16.6

Ensalada de Aceitunas y Pimientos

Tiempo de preparación: 5 minutos.
Tiempo de cocción: 15 minutos.
Porciones: 4

Ingredientes:
- 1 taza de aceitunas negras, sin hueso y cortadas por la mitad
- ½ taza de aceitunas verdes, sin hueso y cortadas por la mitad
- 1 cucharada de aceite de oliva
- 2 cebolletas picadas
- 1 pimiento rojo cortado en tiras
- 1 pimiento verde, cortado en tiras
- Ralladura de 1 lima rallada
- Zumo de 1 lima
- 1 manojo de perejil picado
- 1 tomate picado

Direcciones:
1. Calienta una sartén con el aceite a fuego medio, agrega las cebolletas, revuelve y sofríe por 2 minutos.
2. Agrega las aceitunas, los pimientos y el resto de ingredientes, revuelve y cocina por 13 minutos más.
3. Dividir en tazones y servir para el desayuno.

Nutrición: calorías 192, grasa 6.7, fibra 3.3, carbohidratos 9.3, proteína 3.5

Mezcla de judías verdes y huevos

Tiempo de preparación: 10 minutos.
Tiempo de cocción: 15 minutos.
Porciones: 4

Ingredientes:
- 1 diente de ajo picado
- 1 cebolla morada picada
- 1 cucharada de aceite de aguacate
- 1 libra de judías verdes, cortadas y cortadas por la mitad
- 8 huevos, batidos
- 1 cucharada de cilantro picado
- Una pizca de pimienta negra

Direcciones:
1. Calienta una sartén con el aceite a fuego medio, agrega la cebolla y el ajo y sofríe por 2 minutos.
2. Agregue las judías verdes y cocine por 2 minutos más.
3. Agregue los huevos, la pimienta negra y el cilantro, mezcle, extienda en la sartén y cocine por 10 minutos.
4. Divida la mezcla entre platos y sirva.

Nutrición: calorías 260, grasa 12.1, fibra 4.7, carbohidratos 19.4, proteína 3.6

Ensalada De Zanahoria Y Huevos

Tiempo de preparación: 10 minutos.
Tiempo de cocción: 0 minutos.
Porciones: 4

Ingredientes:
- 2 zanahorias en cubos
- 2 cebollas verdes picadas
- 1 manojo de perejil picado
- 2 cucharadas de aceite de oliva
- 4 huevos duros, pelados y cortados en cubos
- 1 cucharada de vinagre balsámico
- 1 cucharada de cebollino picado
- Una pizca de pimienta negra

Direcciones:
1. En un bol, combine las zanahorias con los huevos y el resto de ingredientes, mezcle y sirva para el desayuno.

Nutrición: calorías 251, grasa 9.6, fibra 4.1, carbohidratos 15.2, proteína 3.5

Bayas cremosas

Tiempo de preparación: 5 minutos.
Tiempo de cocción: 15 minutos.
Porciones: 4

Ingredientes:
- 3 cucharadas de azúcar de coco
- 1 taza de crema de coco
- 1 taza de arándanos
- 1 taza de moras
- 1 taza de fresas
- 1 cucharadita de extracto de vainilla

Direcciones:
1. Pon la nata en una olla, caliéntala a fuego medio, agrega el azúcar y los demás ingredientes, revuelve, cocina por 15 minutos, divide en boles y sirve para el desayuno.

Nutrición: calorías 460, grasa 16.7, fibra 6.5, carbohidratos 40.3, proteína 5.7

Tazones de Manzanas y Pasas

Tiempo de preparación: 5 minutos.
Tiempo de cocción: 15 minutos.
Porciones: 4

Ingredientes:
- 1 taza de arándanos
- 1 cucharadita de canela en polvo
- 1 y ½ tazas de leche de almendras
- ¼ taza de pasas
- 2 manzanas, sin corazón, peladas y en cubos
- 1 taza de crema de coco

Direcciones:
1. Ponga la leche en una olla, lleve a fuego lento a fuego medio, agregue las bayas y los demás ingredientes, mezcle, cocine por 15 minutos, divida en tazones y sirva para el desayuno.

Nutrición: calorías 482, grasa 7.8, fibra 5.6, carbohidratos 15.9, proteína 4.9

Gachas de jengibre alforfón

Tiempo de preparación: 10 minutos.
Tiempo de cocción: 25 minutos.
Porciones: 4

Ingredientes:
- 1 taza de trigo sarraceno
- 3 tazas de leche de coco
- ½ cucharadita de extracto de vainilla
- 1 cucharada de azúcar de coco
- 1 cucharadita de jengibre en polvo
- 1 cucharadita de canela en polvo

Direcciones:
1. Poner la leche y el azúcar en una olla, llevar a fuego lento a fuego medio, agregar el trigo sarraceno y los demás ingredientes, cocinar durante 25 minutos, revolviendo con frecuencia, dividir en tazones y servir para el desayuno.

Nutrición: calorías 482, grasa 14.9, fibra 4.5, carbohidratos 56.3, proteína 7.5

Ensalada De Coliflor Y Pimientos

Tiempo de preparación: 10 minutos.
Tiempo de cocción: 20 minutos.
Porciones: 4

Ingredientes:
- 1 libra de floretes de coliflor
- 1 cucharada de aceite de oliva
- 2 cebolletas picadas
- 1 pimiento rojo cortado en rodajas
- 1 pimiento amarillo, cortado en rodajas
- 1 pimiento verde, cortado en rodajas
- 1 cucharada de cilantro picado
- Una pizca de pimienta negra

Direcciones:
1. Calentar una sartén con el aceite a fuego medio, agregar las cebolletas, remover y sofreír por 2 minutos.
2. Agregue la coliflor y los demás ingredientes, mezcle, cocine por 16 minutos, divida en tazones y sirva para el desayuno.

Nutrición: calorías 271, grasa 11.2, fibra 3.4, carbohidratos 11.5, proteína 4

Pollo y Hash Browns

Tiempo de preparación: 10 minutos.
Tiempo de cocción: 25 minutos.
Porciones: 4

Ingredientes:
- 2 cucharadas de aceite de oliva
- 1 cebolla amarilla picada
- 2 dientes de ajo picados
- 1 cucharadita de condimento cajún
- 8 onzas de pechuga de pollo, sin piel, deshuesada y molida
- ½ libra de croquetas de patata
- 2 cucharadas de caldo de verduras, sin sal agregada
- 1 pimiento verde picado

Direcciones:
1. Calentar una sartén con el aceite a fuego medio, agregar la cebolla, el ajo y la carne y dorar por 5 minutos.
2. Agregue las papas fritas y los demás ingredientes, revuelva y cocine a fuego medio durante 20 minutos revolviendo con frecuencia.
3. Dividir en platos y servir para el desayuno.

Nutrición: calorías 362, grasa 14.3, fibra 6.3, carbohidratos 25.6, proteína 6.1

Burritos de Frijoles Negros

Tiempo de preparación: 5 minutos.
Tiempo de cocción: 12 minutos.
Porciones: 4

Ingredientes:
- 1 taza de frijoles negros enlatados, sin sal agregada, escurridos y enjuagados
- 1 pimiento verde picado
- 1 zanahoria, pelada y rallada
- 1 cucharada de aceite de oliva
- 1 cebolla morada en rodajas
- ½ taza de maíz
- 1 taza de queso cheddar bajo en grasa, rallado
- 6 tortillas de trigo integral
- 1 taza de yogur descremado

Direcciones:
1. Calienta una sartén con el aceite a fuego medio, agrega la cebolla y sofríe por 2 minutos.
2. Agregue los frijoles, la zanahoria, el pimiento morrón y el maíz, revuelva y cocine por 10 minutos más.
3. Acomoda las tortillas en una superficie de trabajo, divide la mezcla de frijoles en cada una, también divide el queso y el yogur, enrolla y sirve para el almuerzo.

Nutrición: calorías 451, grasa 7.5, fibra 13.8, carbohidratos 78.2, proteína 20.9

Mezcla de pollo y mango

Tiempo de preparación: 10 minutos.
Tiempo de cocción: 20 minutos.
Porciones: 4

Ingredientes:
- 2 pechugas de pollo, sin piel, deshuesadas y en cubos
- ¼ de taza de caldo de pollo bajo en sodio
- ½ taza de apio picado
- 1 taza de espinacas tiernas
- 1 mango, pelado y cortado en cubos
- 2 cebolletas picadas
- 1 cucharada de aceite de oliva
- 1 cucharadita de tomillo seco
- ¼ de cucharadita de ajo en polvo
- Una pizca de pimienta negra

Direcciones:
1. Calentar una sartén con el aceite a fuego medio-alto, agregar las cebolletas y el pollo y dorar por 5 minutos.
2. Agrega el apio y los demás ingredientes excepto la espinaca, revuelve y cocina por 12 minutos más.
3. Agregue las espinacas, mezcle, cocine por 2-3 minutos, divida todo entre platos y sirva.

Nutrición: calorías 221, grasa 9.1, fibra 2, carbohidratos 14.1, proteína 21.5

Tortas De Garbanzos

Tiempo de preparación: 10 minutos.
Tiempo de cocción: 10 minutos.
Porciones: 4

Ingredientes:
- 2 dientes de ajo picados
- 15 onzas de garbanzos enlatados, sin sal agregada, escurridos y enjuagados
- 1 cucharadita de chile en polvo
- 1 cucharadita de comino, molido
- 1 huevo
- 1 cucharada de aceite de oliva
- 1 cucharada de jugo de lima
- 1 cucharada de ralladura de lima rallada
- 1 cucharada de cilantro picado

Direcciones:
1. En una licuadora, combine los garbanzos con el ajo y los demás ingredientes excepto el huevo y presione bien.
2. Forma pasteles medianos con esta mezcla.
3. Calentar una sartén con el aceite a fuego medio-alto, agregar las tortas de garbanzos, cocinar por 5 minutos por cada lado, dividir en platos y servir para el almuerzo con una guarnición.

Nutrición: calorías 441, grasa 11,3, fibra 19, carbohidratos 66,4, proteína 22,2

Cuencos de salsa y coliflor

Tiempo de preparación: 10 minutos.
Tiempo de cocción: 10 minutos.
Porciones: 4

Ingredientes:
- 1 cucharada de aceite de aguacate
- 1 taza de pimientos rojos, cortados en cubos
- 1 libra de floretes de coliflor
- 1 cebolla morada picada
- 3 cucharadas de salsa
- 2 cucharadas de queso cheddar bajo en grasa, rallado
- 2 cucharadas de crema de coco

Direcciones:
1. Calienta una sartén con el aceite a fuego medio-alto, agrega la cebolla y los pimientos, y sofríe por 2 minutos.
2. Agrega la coliflor y los demás ingredientes, revuelve, cocina por 8 minutos más, divide en tazones y sirve.

Nutrición: calorías 114, grasa 5.5, fibra 4.3, carbohidratos 12.7, proteína 6.7

Ensalada de Salmón y Espinacas

Tiempo de preparación: 5 minutos.
Tiempo de cocción: 0 minutos.
Porciones: 4

Ingredientes:
- 1 taza de salmón enlatado, escurrido y desmenuzado
- 1 cucharada de ralladura de lima rallada
- 1 cucharada de jugo de lima
- 3 cucharadas de yogur descremado
- 1 taza de espinacas tiernas
- 1 cucharadita de alcaparras, escurridas y picadas
- 1 cebolla morada picada
- Una pizca de pimienta negra
- 1 cucharada de cebollino picado

Direcciones:
1. En un tazón, combine el salmón con la ralladura de lima, el jugo de lima y los demás ingredientes, mezcle y sirva frío para el almuerzo.

Nutrición: calorías 61, grasa 1.9, fibra 1, carbohidratos 5, proteína 6.8

Mezcla de pollo y col rizada

Tiempo de preparación: 10 minutos.
Tiempo de cocción: 20 minutos.
Porciones: 4

Ingredientes:
- 1 cucharada de aceite de oliva
- 1 libra de pechuga de pollo, sin piel, deshuesada y en cubos
- ½ libra de col rizada, desgarrada
- 2 tomates cherry, cortados por la mitad
- 1 cebolla amarilla picada
- ½ taza de caldo de pollo bajo en sodio
- ¼ taza de mozzarella descremada, rallada

Direcciones:
1. Calentar una sartén con el aceite a fuego medio, agregar el pollo y la cebolla y dorar por 5 minutos.
2. Agregue la col rizada y los demás ingredientes excepto la mozzarella, mezcle y cocine por 12 minutos más.
3. Espolvorear el queso por encima, cocinar la mezcla durante 2-3 minutos, dividir en platos y servir para el almuerzo.

Nutrición: calorías 231, grasa 6.5, fibra 2.7, carbohidratos 11.4, proteína 30.9

Ensalada de salmón y rúcula

Tiempo de preparación: 10 minutos.
Tiempo de cocción: 0 minutos.
Porciones: 4

Ingredientes:
- 6 onzas de salmón enlatado, escurrido y cortado en cubos
- 1 cucharada de vinagre balsámico
- 1 cucharada de aceite de oliva
- 2 chalotas picadas
- ½ taza de aceitunas negras, sin hueso y cortadas por la mitad
- 2 tazas de rúcula tierna
- Una pizca de pimienta negra

Direcciones:
1. En un bol, combine el salmón con las chalotas y los demás ingredientes, mezcle y guarde en el refrigerador por 10 minutos antes de servir para el almuerzo.

Nutrición: calorías 113, grasa 8, fibra 0.7, carbohidratos 2.3, proteína 8.8

Ensalada De Camarones Y Verduras

Tiempo de preparación: 5 minutos.
Tiempo de cocción: 10 minutos.
Porciones: 4

Ingredientes:
- 1 cucharada de aceite de oliva
- 1 libra de camarones, pelados y desvenados
- 1 cucharada de pesto de albahaca
- 1 taza de rúcula tierna
- 1 cebolla amarilla picada
- 1 pepino en rodajas
- 1 taza de zanahorias, ralladas
- 1 cucharada de cilantro picado

Direcciones:
1. Calienta una sartén con el aceite a fuego medio, agrega la cebolla y las zanahorias, revuelve y cocina por 3 minutos.
2. Agrega los camarones y los demás ingredientes, revuelve, cocina por 7 minutos más, divide en tazones y sirve.

Nutrición: calorías 200, grasa 5.6, fibra 1.8, carbohidratos 9.9, proteína 27

Wraps de pavo y pimientos

Tiempo de preparación: 10 minutos.
Tiempo de cocción: 3 minutos.
Porciones: 2

Ingredientes:
- 2 tortillas de trigo integral
- 2 cucharaditas de mostaza
- 2 cucharaditas de mayonesa
- 1 pechuga de pavo, sin piel, deshuesada y cortada en tiras
- 1 cucharada de aceite de oliva
- 1 cebolla morada picada
- 1 pimiento morrón rojo, cortado en tiras
- 1 pimiento verde, cortado en tiras
- ¼ taza de mozzarella descremada, rallada

Direcciones:
1. Calentar una sartén con el aceite a fuego medio, agregar la carne y la cebolla y dorar por 5 minutos.
2. Agregue los pimientos, mezcle y cocine por 10 minutos más.
3. Acomoda las tortillas en una superficie de trabajo, divide la mezcla de pavo en cada una, también divide la mayonesa, la mostaza y el queso, envuelve y sirve para el almuerzo.

Nutrición: calorías 342, grasa 11.6, fibra 7.7, carbohidratos 39.5, proteína 21.9

Sopa de judías verdes

Tiempo de preparación: 5 minutos.
Tiempo de cocción: 25 minutos.
Porciones: 4

Ingredientes:
- 2 cucharaditas de aceite de oliva
- 2 dientes de ajo picados
- 1 libra de judías verdes, cortadas y cortadas por la mitad
- 1 cebolla amarilla picada
- 2 tomates, en cubos
- 1 cucharadita de pimentón dulce
- 1 cuarto de caldo de pollo bajo en sodio
- 2 cucharadas de perejil picado

Direcciones:
1. Calentar una olla con el aceite a fuego medio-alto, agregar el ajo y la cebolla, remover y sofreír por 5 minutos.
2. Agregue las judías verdes y los demás ingredientes excepto el perejil, revuelva, cocine a fuego lento y cocine por 20 minutos.
3. Agregue el perejil, revuelva, divida la sopa en tazones y sirva.

Nutrición: calorías 87, grasa 2.7, fibra 5.5, carbohidratos 14, proteína 4.1

Ensalada de aguacate, espinacas y aceitunas

Tiempo de preparación: 5 minutos.
Tiempo de cocción: 0 minutos.
Porciones: 4

Ingredientes:
- 2 cucharadas de vinagre balsámico
- 2 cucharadas de menta picada
- Una pizca de pimienta negra
- 1 aguacate, pelado, sin hueso y en rodajas
- 4 tazas de espinacas tiernas
- 1 taza de aceitunas negras, sin hueso y cortadas por la mitad
- 1 pepino en rodajas
- 1 cucharada de aceite de oliva

Direcciones:
1. En una ensaladera, combine el aguacate con la espinaca y los demás ingredientes, mezcle y sirva para el almuerzo.

Nutrición: calorías 192, grasa 17.1, fibra 5.7, carbohidratos 10.6, proteína 2.7

Sartén de ternera y calabacín

Tiempo de preparación: 5 minutos.
Tiempo de cocción: 20 minutos.
Porciones: 4

Ingredientes:
- 1 libra de carne molida
- ½ taza de cebolla amarilla picada
- 1 cucharada de aceite de oliva
- 1 taza de calabacín en cubos
- 2 dientes de ajo picados
- 14 onzas de tomates enlatados, sin sal agregada, picados
- 1 cucharadita de condimento italiano
- ¼ taza de parmesano bajo en grasa, rallado
- 1 cucharada de cebollino picado
- 1 cucharada de cilantro picado

Direcciones:
1. Calentar una sartén con el aceite a fuego medio, agregar el ajo, la cebolla y la carne y dorar por 5 minutos.
2. Agrega el resto de los ingredientes, revuelve, cocina por 15 minutos más, divide en tazones y sirve para el almuerzo.

Nutrición: calorías 276, grasa 11,3, fibra 1,9, carbohidratos 6,8, proteína 36

Mezcla de tomillo, ternera y papas

Tiempo de preparación: 10 minutos.
Tiempo de cocción: 25 minutos.
Porciones: 4

Ingredientes:
- ½ libra de carne molida
- 3 cucharadas de aceite de oliva
- 1 y ¾ libras de papas rojas, peladas y cortadas en cubos
- 1 cebolla amarilla picada
- 2 cucharaditas de tomillo seco
- 1 taza de tomates enlatados, sin sal y picados
- Una pizca de pimienta negra

Direcciones:
1. Calentar una sartén con el aceite a fuego medio-alto, agregar la cebolla y la carne, remover y dorar por 5 minutos.
2. Agregue las papas y el resto de los ingredientes, mezcle, cocine a fuego lento, cocine por 20 minutos más, divida en tazones y sirva para el almuerzo.

Nutrición: calorías 216, grasa 14.5, fibra 5.2, carbohidratos 40.7, proteína 22.2

Sopa De Cerdo Y Zanahorias

Tiempo de preparación: 10 minutos.
Tiempo de cocción: 25 minutos.
Porciones: 4

Ingredientes:
- 1 cucharada de aceite de oliva
- 1 cebolla morada picada
- 1 libra de carne de estofado de cerdo, en cubos
- 1 cuarto de caldo de res bajo en sodio
- 1 libra de zanahorias, en rodajas
- 1 taza de puré de tomate
- 1 cucharada de cilantro picado

Direcciones:
1. Calentar una olla con el aceite a fuego medio-alto, agregar la cebolla y la carne y dorar por 5 minutos.
2. Agregue el resto de los ingredientes excepto el cilantro, cocine a fuego lento, reduzca el fuego a medio y hierva la sopa durante 20 minutos.
3. Sirva en tazones y sirva para el almuerzo con el cilantro espolvoreado encima.

Nutrición: calorías 354, grasa 14.6, fibra 4.6, carbohidratos 19.3, proteína 36

Ensalada De Camarones Y Fresas

Tiempo de preparación: 5 minutos.
Tiempo de cocción: 7 minutos.
Porciones: 4

Ingredientes:
- 1 taza de maíz
- 1 escarola, rallada
- 1 taza de espinacas tiernas
- 1 libra de camarones, pelados y desvenados
- 2 dientes de ajo picados
- 1 cucharada de jugo de lima
- 2 tazas de fresas, cortadas por la mitad
- 2 cucharadas de aceite de oliva
- 2 cucharadas de vinagre balsámico
- 1 cucharada de cilantro picado

Direcciones:
1. Calienta una sartén con el aceite a fuego medio-alto, agrega el ajo y dora por 1 minuto, agrega los camarones y el jugo de lima, revuelve y cocina por 3 minutos por cada lado.
2. En una ensaladera, combine los camarones con el elote, la escarola y los demás ingredientes, mezcle y sirva para el almuerzo.

Nutrición: calorías 260, grasa 9.7, fibra 2.9, carbohidratos 16.5, proteína 28

Ensalada De Camarones Y Judías Verdes

Tiempo de preparación: 5 minutos.
Tiempo de cocción: 10 minutos.
Porciones: 4

Ingredientes:
- 1 libra de judías verdes, cortadas y cortadas por la mitad
- 2 cucharadas de aceite de oliva
- 2 libras de camarones, pelados y desvenados
- 1 cucharada de jugo de limón
- 2 tazas de tomates cherry, cortados por la mitad
- ¼ taza de vinagre de frambuesa
- Una pizca de pimienta negra

Direcciones:
1. Calienta una sartén con el aceite a fuego medio-alto, agrega los camarones, revuelve y cocina por 2 minutos.
2. Agregue las judías verdes y los demás ingredientes, mezcle, cocine por 8 minutos más, divida en tazones y sirva para el almuerzo.

Nutrición: calorías 385, grasa 11.2, fibra 5, carbohidratos 15.3, proteína 54.5

Tacos de pescado

Tiempo de preparación: 10 minutos.
Tiempo de cocción: 10 minutos.
Porciones: 2

Ingredientes:
- 4 conchas de tacos de trigo integral
- 1 cucharada de mayonesa light
- 1 cucharada de salsa
- 1 cucharada de mozzarella descremada, rallada
- 1 cucharada de aceite de oliva
- 1 cebolla morada picada
- 1 cucharada de cilantro picado
- 2 filetes de bacalao, deshuesados, sin piel y en cubos
- 1 cucharada de puré de tomate

Direcciones:
1. Calienta una sartén con el aceite a fuego medio, agrega la cebolla, revuelve y cocina por 2 minutos.
2. Agregue el puré de pescado y tomate, mezcle suavemente y cocine por 5 minutos más.
3. Vierta esto en las conchas para tacos, también divida la mayonesa, la salsa y el queso y sirva para el almuerzo.

Nutrición: calorías 466, grasa 14.5, fibra 8, carbohidratos 56.6, proteína 32.9

Pasteles de calabacín

Tiempo de preparación: 10 minutos.
Tiempo de cocción: 10 minutos.
Porciones: 4

Ingredientes:
- 1 cebolla amarilla picada
- 2 calabacines rallados
- 2 cucharadas de harina de almendras
- 1 huevo batido
- 1 diente de ajo picado
- Una pizca de pimienta negra
- 1/3 taza de zanahoria, rallada
- 1/3 taza de queso cheddar bajo en grasa, rallado
- 1 cucharada de cilantro picado
- 1 cucharadita de ralladura de limón rallada
- 2 cucharadas de aceite de oliva

Direcciones:
1. En un bol, combine los calabacines con el ajo, la cebolla y los demás ingredientes excepto el aceite, revuelva bien y forme tortas medianas con esta mezcla.
2. Calentar una sartén con el aceite a fuego medio-alto, agregar los bizcochos de calabacín, cocinar 5 minutos por cada lado, dividir en platos y servir con una guarnición.

Nutrición: calorías 271, grasa 8.7, fibra 4, carbohidratos 14.3, proteína 4.6

Guiso de Garbanzos y Tomates

Tiempo de preparación: 10 minutos.
Tiempo de cocción: 20 minutos.
Porciones: 4

Ingredientes:
- 1 cucharada de aceite de oliva
- 1 cebolla amarilla picada
- 2 cucharaditas de chile en polvo
- 14 onzas de garbanzos enlatados, sin sal agregada, escurridos y enjuagados
- 14 onzas de tomates enlatados, sin sal agregada, en cubos
- 1 taza de caldo de pollo bajo en sodio
- 1 cucharada de cilantro picado
- Una pizca de pimienta negra

Direcciones:
1. Calienta una olla con el aceite a fuego medio-alto, agrega la cebolla y el chile en polvo, revuelve y cocina por 5 minutos.
2. Agrega los garbanzos y los demás ingredientes, revuelve, cocina por 15 minutos a fuego medio, divide en tazones y sirve para el almuerzo.

Nutrición: calorías 299, grasa 13.2, fibra 4.7, carbohidratos 17.2, proteína 8.1

Ensalada de pollo, tomate y espinacas

Tiempo de preparación: 10 minutos.
Tiempo de cocción: 0 minutos.
Porciones: 4

Ingredientes:
- 1 cucharada de aceite de oliva
- Una pizca de pimienta negra
- 2 pollos asados, sin piel, deshuesados y desmenuzados
- 1 libra de tomates cherry, cortados por la mitad
- 1 cebolla morada picada
- 4 tazas de espinacas tiernas
- ¼ de taza de nueces picadas
- ½ cucharadita de ralladura de limón rallada
- 2 cucharadas de jugo de limón

Direcciones:
1. En una ensaladera, combine el pollo con el tomate y los demás ingredientes, mezcle y sirva para el almuerzo.

Nutrición: calorías 349, grasa 8.3, fibra 5.6, carbohidratos 16.9, proteína 22.8

Tazones de espárragos y pimientos

Tiempo de preparación: 10 minutos.
Tiempo de cocción: 20 minutos.
Porciones: 4

Ingredientes:
- 3 dientes de ajo picados
- 2 cucharadas de aceite de oliva
- 1 cebolla morada picada
- 3 zanahorias en rodajas
- ½ taza de caldo de pollo bajo en sodio
- 2 tazas de espinacas tiernas
- 1 libra de espárragos, cortados y cortados por la mitad
- 1 pimiento rojo cortado en tiras
- 1 pimiento amarillo, cortado en tiras
- 1 pimiento verde, cortado en tiras
- Una pizca de pimienta negra

Direcciones:
1. Calentar una sartén con el aceite a fuego medio-alto, agregar la cebolla y el ajo, remover y sofreír por 2 minutos.
2. Agregue los espárragos y los demás ingredientes excepto la espinaca, mezcle y cocine por 15 minutos.
3. Agrega las espinacas, cocina todo por 3 minutos más, divide en tazones y sirve para el almuerzo.

Nutrición: calorías 221, grasa 11.2, fibra 3.4, carbohidratos 14.3, proteína 5.9

Estofado de ternera caliente

Tiempo de preparación: 10 minutos.
Hora de cocinar: 1 hora y 20 minutos

Porciones: 4

Ingredientes:
- 1 libra de carne de res para estofado, en cubos
- 1 taza de salsa de tomate sin sal agregada
- 1 taza de caldo de res bajo en sodio
- 1 cucharada de aceite de oliva
- 1 cebolla amarilla picada
- ¼ de cucharadita de salsa picante
- 1 cucharadita de cebolla en polvo
- 1 cucharadita de ajo en polvo
- 1 cucharada de cilantro picado

Direcciones:
1. Calentar una olla con el aceite a fuego medio-alto, agregar la carne y la cebolla, remover y dorar por 5 minutos.
2. Agrega la salsa de tomate y el resto de los ingredientes, lleva a fuego lento y cocina a fuego medio durante 1 hora y 15 minutos.
3. Dividir en tazones y servir para el almuerzo.

Nutrición: calorías 487, grasa 15,3, fibra 5,8, carbohidratos 56,3, proteína 15

Chuletas de cerdo con champiñones

Tiempo de preparación: 5 minutos.
Hora de cocinar: 8 horas y 10 minutos

Porciones: 4

Ingredientes:
- 4 chuletas de cerdo
- 1 cucharada de aceite de oliva
- 2 chalotas picadas
- 1 libra de champiñones blancos, en rodajas
- ½ taza de caldo de res bajo en sodio
- 1 cucharada de romero picado
- ¼ de cucharadita de ajo en polvo
- 1 cucharadita de pimentón dulce

Direcciones:
1. Calienta una sartén con el aceite a fuego medio-alto, agrega las chuletas de cerdo y las chalotas, revuelve, dora por 10 minutos y transfiere a una olla de cocción lenta.
2. Agrega el resto de los ingredientes, tapa y cocina a fuego lento durante 8 horas.
3. Divida las chuletas de cerdo y los champiñones entre platos y sirva para el almuerzo.

Nutrición: calorías 349, grasa 24, fibra 5.6, carbohidratos 46.3, proteína 17.5

Ensalada De Camarones Y Cilantro

Tiempo de preparación: 10 minutos.
Tiempo de cocción: 8 minutos.
Porciones: 4

Ingredientes:
- 1 cucharada de aceite de oliva
- 1 cebolla morada en rodajas
- 1 libra de camarones, pelados y desvenados
- 2 tazas de rúcula tierna
- 1 cucharada de vinagre balsámico
- 1 cucharada de jugo de limón
- 1 cucharada de cilantro picado
- Una pizca de pimienta negra

Direcciones:
1. Calienta una sartén con el aceite a fuego medio, agrega la cebolla, revuelve y sofríe por 2 minutos.
2. Agregue los camarones y los demás ingredientes, mezcle, cocine por 6 minutos, divida en tazones y sirva para el almuerzo.

Nutrición: calorías 341, grasa 11.5, fibra 3.8, carbohidratos 17.3, proteína 14.3

Guiso de berenjenas

Tiempo de preparación: 5 minutos.
Tiempo de cocción: 20 minutos.
Porciones: 4

Ingredientes:
- 1 libra de berenjenas, cortadas en cubos
- 2 dientes de ajo picados
- 2 cucharadas de aceite de oliva
- 1 cebolla amarilla picada
- 1 cucharadita de pimentón dulce
- ½ taza de cilantro picado
- 14 onzas de tomates enlatados bajos en sodio, picados
- 1 cucharada de cilantro picado

Direcciones:
1. Calienta una sartén con el aceite a fuego medio-alto, agrega la cebolla y el ajo y sofríe por 2 minutos.
2. Agrega la berenjena y los demás ingredientes excepto el cilantro, lleva a fuego lento y cocina por 18 minutos.
3. Dividir en tazones y servir con el cilantro espolvoreado por encima.

Nutrición: calorías 343, grasa 12.3, fibra 3.7, carbohidratos 16.56, proteína 7.2

Mezcla de carne y guisantes

Tiempo de preparación: 10 minutos.
Tiempo de cocción: 30 minutos.
Porciones: 4

Ingredientes:
- 1 y ¼ tazas de caldo de res bajo en sodio
- 1 cebolla amarilla picada
- 1 cucharada de aceite de oliva
- 2 tazas de guisantes
- 1 libra de carne de res para estofado, en cubos
- 1 taza de tomates enlatados, sin sal y picados
- 1 taza de cebolletas picadas
- ¼ taza de perejil picado
- Pimienta negra al gusto

Direcciones:
1. Calentar una olla con el aceite a fuego medio-alto, agregar la cebolla y la carne y dorar por 5 minutos.
2. Agregue los guisantes y los demás ingredientes, revuelva, cocine a fuego lento y cocine a fuego medio durante 25 minutos más.
3. Divida la mezcla en tazones y sirva para el almuerzo.

Nutrición: calorías 487, grasa 15.4, fibra 4.6, carbohidratos 44.6, proteína 17.8

Estofado de pavo

Tiempo de preparación: 5 minutos.
Tiempo de cocción: 30 minutos.
Porciones: 4

Ingredientes:
- 2 cucharadas de aceite de oliva
- 1 pechuga de pavo, sin piel, deshuesada y en cubos
- 1 taza de caldo de res bajo en sodio
- 1 taza de puré de tomate
- ¼ de cucharadita de ralladura de lima rallada
- 1 cebolla amarilla picada
- 1 cucharada de pimentón dulce
- 1 cucharada de cilantro picado
- 2 cucharadas de jugo de lima
- ¼ de cucharadita de jengibre rallado

Direcciones:
1. Calentar una olla con el aceite a fuego medio-alto, agregar la cebolla y la carne y dorar por 5 minutos.
2. Agrega el caldo y los demás ingredientes, lleva a fuego lento y cocina a fuego medio durante 25 minutos.
3. Divida la mezcla en tazones y sirva para el almuerzo.

Nutrición: calorías 150, grasa 8.1, fibra 2.7, carbohidratos 12, proteína 9.5

Ensalada de carne

Tiempo de preparación: 10 minutos.
Tiempo de cocción: 30 minutos.
Porciones: 4

Ingredientes:
- 1 libra de carne de res para estofado, cortada en tiras
- 1 cucharada de salvia picada
- 1 cucharada de aceite de oliva
- Una pizca de pimienta negra
- ½ cucharadita de comino, molido
- 2 tazas de tomates cherry, cortados en cubos
- 1 aguacate, pelado, sin hueso y en cubos
- 1 taza de frijoles negros enlatados, sin sal agregada, escurridos y enjuagados
- ½ taza de cebollas verdes, picadas
- 2 cucharadas de jugo de lima
- 2 cucharadas de vinagre balsámico
- 2 cucharadas de cilantro picado

Direcciones:
1. Calentar una sartén con el aceite a fuego medio-alto, agregar la carne y dorar por 5 minutos.
2. Agrega la salvia, la pimienta negra y el comino, revuelve y cocina por 5 minutos más.
3. Agrega el resto de los ingredientes, revuelve, reduce el fuego a medio y cocina la mezcla por 20 minutos.
4. Divida la ensalada en tazones y sirva para el almuerzo.

Nutrición: calorías 536, grasa 21.4, fibra 12.5, carbohidratos 40.4, proteína 47

Guiso de calabaza

Tiempo de preparación: 10 minutos.
Tiempo de cocción: 20 minutos.
Porciones: 4

Ingredientes:
- 1 libra de calabaza, pelada y cortada en cubos
- 1 taza de caldo de pollo bajo en sodio
- 1 taza de tomates enlatados, sin sal agregada, triturados
- 1 cucharada de aceite de oliva
- 1 cebolla morada picada
- 2 pimientos naranjas picados
- ½ taza de quinua
- ½ cucharada de cebollino picado

Direcciones:
1. Calienta una olla con el aceite a fuego medio, agrega la cebolla, revuelve y sofríe por 2 minutos.
2. Agregue la calabaza y los demás ingredientes, deje hervir a fuego lento y cocine por 15 minutos.
3. Revuelva el guiso, divídalo en tazones y sirva para el almuerzo.

Nutrición: calorías 166, grasa 5.3, fibra 4.7, carbohidratos 26.3, proteína 5.9

Mezcla de repollo y carne

Tiempo de preparación: 10 minutos.
Tiempo de cocción: 20 minutos.
Porciones: 4

Ingredientes:
- 1 repollo verde, rallado
- ¼ de taza de caldo de res bajo en sodio
- 2 tomates, en cubos
- 2 cebollas amarillas picadas
- ¾ taza de pimientos morrones rojos picados
- 1 cucharada de aceite de oliva
- 1 libra de carne molida
- ¼ de taza de cilantro picado
- ¼ de taza de cebollas verdes, picadas
- ¼ de cucharadita de pimiento rojo triturado

Direcciones:
1. Calentar una sartén con el aceite a fuego medio, agregar la carne y las cebollas, remover y dorar por 5 minutos.
2. Agregue el repollo y los demás ingredientes, mezcle, cocine por 15 minutos, divida en tazones y sirva para el almuerzo.

Nutrición: calorías 328, grasa 11, fibra 6,9, carbohidratos 20,1, proteína 38,3

Estofado de Cerdo y Judías Verdes

Tiempo de preparación: 5 minutos.
Hora de cocinar: 8 horas y 10 minutos

Porciones: 4

Ingredientes:
- 1 libra de carne de estofado de cerdo, en cubos
- 1 cucharada de aceite de oliva
- ½ libra de ejotes, cortados y cortados por la mitad
- 2 cebollas amarillas picadas
- 2 dientes de ajo picados
- 2 tazas de caldo de res bajo en sodio
- 8 onzas de salsa de tomate
- Una pizca de pimienta negra
- Una pizca de pimienta de Jamaica, molida
- 1 cucharada de romero picado

Direcciones:
1. Calentar una sartén con el aceite a fuego medio-alto, agregar la carne, el ajo y la cebolla, remover y dorar por 10 minutos.
2. Transfiera esto a una olla de cocción lenta, agregue los otros ingredientes también, tape y cocine a temperatura baja durante 8 horas.
3. Divida el guiso en tazones y sirva.

Nutrición: calorías 334, grasa 14,8, fibra 4,4, carbohidratos 13,3, proteína 36,7

Sopa Crema De Calabacín

Tiempo de preparación: 10 minutos.
Tiempo de cocción: 20 minutos.
Porciones: 4

Ingredientes:
- 1 cucharada de aceite de oliva
- 1 cebolla amarilla picada
- 1 cucharadita de jengibre rallado
- 450 g de calabacines picados
- 32 onzas de caldo de pollo bajo en sodio
- 1 taza de crema de coco
- 1 cucharada de eneldo picado

Direcciones:
1. Calienta una olla con el aceite a fuego medio, agrega la cebolla y el jengibre, revuelve y cocina por 5 minutos.
2. Agrega los calabacines y los demás ingredientes, lleva a fuego lento y cocina a fuego medio durante 15 minutos.
3. Licue con una licuadora de inmersión, divida en tazones y sirva.

Nutrición: calorías 293, grasa 12.3, fibra 2.7, carbohidratos 11.2, proteína 6.4

Ensalada De Camarones Y Uvas

Tiempo de preparación: 5 minutos.
Tiempo de cocción: 0 minutos.
Porciones: 4

Ingredientes:
- 2 cucharadas de mayonesa baja en grasa
- 2 cucharaditas de chile en polvo
- Una pizca de pimienta negra
- 1 libra de camarones, cocidos, pelados y desvenados
- 1 taza de uvas rojas, cortadas por la mitad
- ½ taza de cebolletas picadas
- ¼ de taza de nueces picadas
- 1 cucharada de cilantro picado

Direcciones:
1. En una ensaladera, combine los camarones con el chile en polvo y los demás ingredientes, mezcle y sirva para el almuerzo.

Nutrición: calorías 298, grasa 12.3, fibra 2.6, carbohidratos 16.2, proteína 7.8

Crema de zanahoria con cúrcuma

Tiempo de preparación: 5 minutos.
Tiempo de cocción: 25 minutos.
Porciones: 4

Ingredientes:
- 2 cucharadas de aceite de oliva
- 1 cebolla amarilla picada
- 1 libra de zanahorias, peladas y picadas
- 1 cucharadita de cúrcuma en polvo
- 4 tallos de apio picados
- 5 tazas de caldo de pollo bajo en sodio
- Una pizca de pimienta negra
- 1 cucharada de cilantro picado

Direcciones:
1. Calienta una olla con el aceite a fuego medio, agrega la cebolla, revuelve y sofríe por 2 minutos.
2. Agrega las zanahorias y los demás ingredientes, lleva a fuego lento y cocina a fuego medio durante 20 minutos.
3. Licue la sopa con una licuadora de inmersión, vierta en tazones y sirva.

Nutrición: calorías 221, grasa 9.6, fibra 4.7, carbohidratos 16, proteína 4.8

Sopa de res y frijoles negros

Tiempo de preparación: 10 minutos.
Hora de cocinar: 1 hora y 40 minutos

Porciones: 4

Ingredientes:
- 1 taza de frijoles negros enlatados, sin sal y escurridos
- 7 tazas de caldo de res bajo en sodio
- 1 pimiento verde picado
- 1 cucharada de aceite de oliva
- 1 libra de carne de res para estofado, en cubos
- 1 cebolla amarilla picada
- 3 dientes de ajo picados
- 1 ají picado
- 1 papa en cubos
- Una pizca de pimienta negra
- 1 cucharada de cilantro picado

Direcciones:
1. Calentar una olla con el aceite a fuego medio, agregar la cebolla, el ajo y la carne, y dorar por 5 minutos.
2. Agrega los frijoles y el resto de los ingredientes excepto el cilantro, lleva a fuego lento y cocina a fuego medio por 1 hora y 35 minutos.
3. Agregue el cilantro, sirva la sopa en tazones y sirva.

Nutrición: calorías 421, grasa 17.3, fibra 3.8, carbohidratos 18.8, proteína 23.5

Tazones de salmón y camarones

Tiempo de preparación: 10 minutos.
Tiempo de cocción: 13 minutos.
Porciones: 4

Ingredientes:
- ½ libra de salmón ahumado, deshuesado, sin piel y en cubos
- ½ libra de camarones, pelados y desvenados
- 1 cucharada de aceite de oliva
- 1 cebolla morada picada
- ¼ de taza de tomates, en cubos
- ½ taza de salsa suave
- 2 cucharadas de cilantro picado

Direcciones:
1. Calienta una sartén con el aceite a fuego medio-alto, agrega el salmón, revuelve y cocina por 5 minutos.
2. Agrega la cebolla, los camarones y los demás ingredientes, cocina por 7 minutos más, divide en tazones y sirve.

Nutrición: calorías 251, grasa 11.4, fibra 3.7, carbohidratos 12.3, proteína 7.1

Salsa de pollo y ajo

Tiempo de preparación: 5 minutos.
Tiempo de cocción: 20 minutos.
Porciones: 4

Ingredientes:
- 1 cucharada de aceite de oliva
- 1 cebolla amarilla picada
- Una pizca de pimienta negra
- 1 libra de pechugas de pollo, sin piel, deshuesadas y en cubos
- 4 dientes de ajo picados
- 1 taza de caldo de pollo bajo en sodio
- 2 tazas de crema de coco
- 1 cucharada de albahaca picada
- 1 cucharada de cebollino picado

Direcciones:
1. Calentar una sartén con el aceite a fuego medio-alto, agregar el ajo, la cebolla y la carne, remover y dorar por 5 minutos.
2. Agrega el caldo y el resto de los ingredientes, lleva a fuego lento y cocina a fuego medio durante 15 minutos.
3. Divida la mezcla entre platos y sirva.

Nutrición: calorías 451, grasa 16.6, fibra 9, carbohidratos 34.4, proteína 34.5

Estofado de pollo con cúrcuma y berenjena

Tiempo de preparación: 5 minutos.
Tiempo de cocción: 20 minutos.
Porciones: 4

Ingredientes:
- 1 libra de pechugas de pollo, sin piel, deshuesadas y en cubos
- 2 chalotas picadas
- 1 cucharada de aceite de oliva
- 1 berenjena en cubos
- 1 taza de tomates enlatados, sin sal y triturados
- 1 cucharada de jugo de lima
- Una pizca de pimienta negra
- ¼ de cucharadita de jengibre molido
- 1 cucharada de cilantro picado

Direcciones:
1. Calentar una olla con el aceite a fuego medio, agregar las chalotas y el pollo y dorar por 5 minutos.
2. Agrega el resto de los ingredientes, lleva a fuego lento y cocina a fuego medio por 15 minutos más.
3. Dividir en tazones y servir para el almuerzo.

Nutrición: calorías 441, grasa 14.6, fibra 4.9, carbohidratos 44.4, proteína 16.9

Mezcla de pollo y endivias

Tiempo de preparación: 5 minutos.
Tiempo de cocción: 20 minutos.
Porciones: 4

Ingredientes:
- 1 libra de muslos de pollo, deshuesados, sin piel y en cubos
- 2 endivias, ralladas
- 1 taza de caldo de pollo bajo en sodio
- 1 cucharada de aceite de oliva
- 1 cebolla amarilla picada
- 1 zanahoria en rodajas
- 2 dientes de ajo picados
- 8 onzas de tomates enlatados, sin sal agregada, picados
- 1 cucharada de cebollino picado

Direcciones:
1. Calienta una sartén con el aceite a fuego medio-alto, agrega la cebolla y el ajo y sofríe por 5 minutos.
2. Agrega el pollo y dora por 5 minutos más.
3. Agrega el resto de los ingredientes, lleva a fuego lento, cocina por 10 minutos más, divide en platos y sirve.

Nutrición: calorías 411, grasa 16.7, fibra 5.9, carbohidratos 54.5, proteína 24

Sopa de pavo

Tiempo de preparación: 10 minutos.
Tiempo de cocción: 40 minutos.
Porciones: 4

Ingredientes:
- 1 pechuga de pavo, sin piel, deshuesada, en cubos
- 1 cucharada de salsa de tomate, sin sal agregada
- 1 cucharada de aceite de oliva
- 2 cebollas amarillas picadas
- 1 cuarto de caldo de pollo bajo en sodio
- 1 cucharada de orégano picado
- 2 zanahorias en rodajas
- 3 dientes de ajo picados
- Una pizca de pimienta negra

Direcciones:
1. Calentar una olla con el aceite a fuego medio, agregar la cebolla y el ajo y sofreír por 5 minutos.
2. Agrega la carne y dórala por 5 minutos más.
3. Agrega el resto de los ingredientes, lleva a fuego lento y cocina a fuego medio durante 30 minutos.
4. Sirva la sopa en tazones y sírvala.

Nutrición: calorías 321, grasa 14.5, fibra 11.3, carbohidratos 33.7, proteína 16

Sandwich de berenjena y pavo

Tiempo de preparación: 10 minutos.
Tiempo de cocción: 25 minutos.
Porciones: 4

Ingredientes:
- 1 pechuga de pavo, sin piel, deshuesada y cortada en 4 trozos
- 1 berenjena, cortada en 4 rodajas
- Pimienta negra al gusto
- 1 cucharada de aceite de oliva
- 1 cucharada de orégano picado
- ½ taza de salsa de tomate baja en sodio
- ½ taza de queso cheddar bajo en grasa, rallado
- 4 rebanadas de pan integral

Direcciones:
1. Calienta una parrilla a fuego medio-alto, agrega las rodajas de pavo, rocía la mitad del aceite por encima, espolvorea la pimienta negra, cocina por 8 minutos por cada lado y transfiere a un plato.
2. Coloca las rodajas de berenjena en la parrilla caliente, rocía el resto del aceite sobre ellas, sazona también con pimienta negra, cocínalas por 4 minutos por cada lado y transfiérelas al plato con las rodajas de pavo también.
3. Coloque 2 rebanadas de pan en una superficie de trabajo, divida el queso en cada una, divida las rebanadas de berenjena y de pavo en cada una, espolvoree el orégano, rocíe la salsa por todas partes y cubra con las otras 2 rebanadas de pan.
4. Divide los bocadillos entre platos y sírvelos.

Nutrición: calorías 280, grasa 12.2, fibra 6, carbohidratos 14, proteína 12

Tortillas simples de pavo y calabacín

Tiempo de preparación: 10 minutos.
Tiempo de cocción: 20 minutos.
Porciones: 4

Ingredientes:
- 4 tortillas de trigo integral
- ½ taza de yogur descremado
- 1 libra de pavo, pechuga, sin piel, sin hueso y cortado en tiras
- 1 cucharada de aceite de oliva
- 1 cebolla morada en rodajas
- 1 calabacín en cubos
- 2 tomates, en cubos
- Pimienta negra al gusto

Direcciones:
1. Calienta una sartén con el aceite a fuego medio, agrega la cebolla, revuelve y sofríe por 5 minutos.
2. Agregue el calabacín y los tomates, mezcle y cocine por 2 minutos más.
3. Agrega la carne de pavo, revuelve y cocina por 13 minutos más.
4. Unte el yogur en cada tortilla, agregue dividir la mezcla de pavo y calabacín, enrolle, divida en platos y sirva.

Nutrición: calorías 290, grasa 13.4, fibra 3.42, carbohidratos 12.5, proteína 6.9

Pollo con Pimientos y Berenjena Sartén

Tiempo de preparación: 10 minutos.
Tiempo de cocción: 25 minutos.
Porciones: 4

Ingredientes:
- 2 pechugas de pollo, sin piel, deshuesadas y en cubos
- 1 cebolla morada picada
- 2 cucharadas de aceite de oliva
- 1 berenjena en cubos
- 1 pimiento rojo, cortado en cubos
- 1 pimiento amarillo, cortado en cubos
- Pimienta negra al gusto
- 2 tazas de leche de coco

Direcciones:
4. Calienta una sartén con el aceite a fuego medio-alto, agrega la cebolla, revuelve y cocina por 3 minutos.
5. Agregue los pimientos morrones, mezcle y cocine por 2 minutos más.
6. Agregue el pollo y los demás ingredientes, mezcle, cocine a fuego lento y cocine a fuego medio durante 20 minutos más.
7. Divida todo entre platos y sirva.

Nutrición: calorías 310, grasa 14.7, fibra 4, carbohidratos 14.5, proteína 12.6

Pavo al horno con balsámico

Tiempo de preparación: 10 minutos.
Tiempo de cocción: 40 minutos.
Porciones: 4

Ingredientes:
- 1 pechuga de pavo grande, sin piel, deshuesada y en rodajas
- 2 cucharadas de vinagre balsámico
- 1 cucharada de aceite de oliva
- 2 dientes de ajo picados
- 1 cucharada de condimento italiano
- Pimienta negra al gusto
- 1 cucharada de cilantro picado

Direcciones:
1. En una fuente para horno, mezcla el pavo con el vinagre, el aceite y los demás ingredientes, revuelve, introduce en el horno a 400 grados F y hornea por 40 minutos.
2. Divida todo entre platos y sirva con una ensalada.

Nutrición: calorías 280, grasa 12.7, fibra 3, carbohidratos 22.1, proteína 14

Mezcla de pavo con queso cheddar

Tiempo de preparación: 10 minutos.
Tiempo de cocción: 1 hora.
Porciones: 4

Ingredientes:
- 1 libra de pechuga de pavo, sin piel, deshuesada y en rodajas
- 2 cucharadas de aceite de oliva
- 1 taza de tomates enlatados, sin sal agregada, picados
- Pimienta negra al gusto
- 1 taza de queso cheddar descremado, rallado
- 2 cucharadas de perejil picado

Direcciones:
1. Engrasa una fuente para horno con el aceite, coloca las rodajas de pavo en la sartén, esparce los tomates sobre ellas, sazona con pimienta negra, espolvorea el queso y el perejil por encima, introduce en el horno a 400 grados F y hornea por 1 hora.
2. Divida todo entre platos y sirva.

Nutrición: calorías 350, grasa 13.1, fibra 4, carbohidratos 32.4, proteína 14.65

www.ingramcontent.com/pod-product-compliance
Lightning Source LLC
Chambersburg PA
CBHW071820080526
44589CB00012B/859